最奇妙的问题　最高明的回答

孩子提问题 大师来回答

Big Questions From Little People Answered By Some Very Big People

[英]杰玛・埃尔文・哈里斯（Gemma Elwin Harris）●编著　杜　冰●译

上海社会科学院出版社

各界赞誉

最奇妙的问题 最高明的回答

国内

我一直认为，面对孩子的提问，最重要的并不是提供标准答案，而是以完全平等的态度与他们一起探讨思考问题的正确路径。本书做到了这一点，值得向孩子们推荐。

——作家、清华大学中文系教授 格非

如果大人们是真正积极与虚心的，那他们一定会发现：聆听孩子们的提问，不仅是工作和责任，同时也是享受，也是进修，是对自己思想的新开拓，甚至会引发新的思路。从这两本书中，我们已看到不少这样的大人，也希望出现更多这样认真对待孩子提问的大人。

——文学评论家、儿童文学理论家 刘绪源

我觉得这个书最有意思的地方在于让最“小”的小孩和最“大”的大师们直接面对面，给予他们权威而科学的回答，国内现在还没见到这样的书。我很喜欢。

——原国际儿童读物联盟（IBBY）中国分会主席、著名出版人 海飞

我喜欢这套书，是因为它将提“稀奇古怪问题”的权利完完全全、认认真真地赋予孩子，并由举世多位大师级人物加以护持这场“古怪问题之旅”。我始终相信，在年幼时与智慧灵魂的交谈，哪怕只言片语，也能深入骨髓。因此，我愿意为这套书和它的精神站台。

——作家 粲然

看看这些问题吧，多么有趣，多么生动，简直就是一把把的金钥匙——我相信，最早的那些动物学家、物理学家、天文学家、哲学家、音

乐家、社会学家们，也是通过这些钥匙，才打了人类文明的宝库。世界因为好奇和有趣而存在，孩子因为好奇和有趣而成长。

——童书出版妈妈 三川玲

回答小朋友无穷无尽的问题，对于父母来讲需要持续的耐心和开放的态度。我们发现给予答案除了需要科学之外，如果能做到启发想象力，激励孩子继续提问题那就更棒啦！借助这本书，你可以更从容，更开放。

——悠贝亲子图书馆创始人、著名阅读推广人 林丹

书中的每一个回答不仅是面向儿童的一次知识的传递，更像是一次科学的启蒙，一次思辩的训练和一次人性的关怀。

——国家图书馆少年儿童馆馆长 王志庚

不一定是大师，每个大人都有专长的领域，习以为常的知识，当孩子发问而你回答时，有一种奇妙的变化会发生，你不会像对一个大学生或同行那么说话，你得换个语气和方式，答案就不能只是经验和知识了，答案必须是可见的、鲜活的、让孩子看得见答案如何产生的，也就是从现象到经验的过程，这本书里的大人就是这样。

——绘本作家 熊亮

耐心解答是成人世界的美德。《孩子提问题 大师来回答》的编者精选一百多个孩子有趣的问题，然后邀请世界各领域大咖予以解答，奇妙的问题遇到高明的解答，这是儿童世界和成人世界美好的交流。

——《新京报》

如何修炼提问的艺术？沃伦·伯格的建议是，从释放内心的四岁孩子开始。所以，我觉得无论有孩子的，没孩子的，都应该读一读这本书。这些孩子只是提出了第一个问题，至于下面更多的问题，或许可以成为我们成年人的思维游戏。

——《三联生活周刊》

对这些五花八门、千奇百怪的问题们，各领域的大师们都作了认真的解答。他们的回答简明、幽默、严谨，有的颇具启发性，有的具有无边的想象力，有些回答甚至会让你进入新的迷惑，但无论怎样作答，都具有相当的广度或深度。

——《羊城晚报》

问题是智慧之花，回答是智慧之果。《孩子提问题 大师来回答》与《孩子提问题 大师来回答2》这两本书中的“花”与“果”都异常地新鲜亮丽。

——《中华读书报》

这不是一本逗乐的书，也不仅仅是一本儿童书，更是一种沉默的呼唤，提请我们成年人，收拾起自己知识的倨傲，去重新认识孩子，认识童年，从而，重新认识教育，也认识成年人的自我。

——《京华时报》

国外

一群可爱的人为一家可爱的慈善机构做的一件可爱的事。

——米兰达·哈特（英国著名喜剧演员、作家）

给爱问“为什么”的孩子最好的礼物。

——丹·斯诺（英国历史学家）

《孩子提问题 大师来回答》满足了我们深入理解事物的愿望，而不是让我们仅仅停留在简单接受事实上。

——马库斯·索特伊（数学家）

像皮克斯动画工作室的最好作品一样，这本书成功地娱乐了各个年龄段的人。它包罗万象，不仅为孩子们提供了丰富的资源，还如亚力山大·阿姆斯特朗在本书推荐序里所写的，它“还像一只又结实又可靠的塞子，正好堵上我们巨大的知识漏洞”。适合任何年龄段。

——《每日电报讯》

全家人都会被吸引。

——《星期日时尚杂志》

一个对提出问题和思索答案的无上鼓舞。

——《卫报》

本书会让你停下来重新思考你以为自己知道的知识，至少重新燃起你孩童般的好奇心和对我们生活着的世界的敬畏。

——Brainpickings.org网站

本书编者哈里斯集结了一批专家——有些大名鼎鼎，有些不太为人所知，但他们都是各自领域的精英——他们为那些小学生提出的让家长和老师们头疼的问题提供了简洁、准确的答案。非常棒的一本书！

——《金融时报》

读完《孩子提问题 大师来回答2》，我更意识到了自己的无知。很多人不知道的事物可以集合成一本书。这本书正是这样的书。

——《电讯报》

充满娱乐性和启发性的一本书。

——《女性》杂志

《孩子提问题 大师来回答2》是有意思的知识宝库，能激发孩子们的好奇心。它是送给亲人们的最好礼物——因为有时候成长也需要这些答案的帮助。

—— goodreads网站

对真和美的追求可以让我们一生都生活在儿童的世界里。

——阿尔伯特·爱因斯坦

To Evie, Rosie, Eliza and Seth

献给埃薇、罗茜、伊丽莎和塞思

目录

如果能创造出一只带有恐龙特征的鸡，我们会叫它“鸡龙”或者“龙鸡”！

上帝是男是女？是鱼是羊？上帝是老是少？……

如果给猿猴听摇滚乐，它们就不再感到无聊并发脾气了。

编者的话

为人父母，我们总要经受孩子的问题“轰炸”，一些问题容易对付，一些问题会令人头疼，更有一些问题则相当深奥。最近，我两岁的儿子在从托儿所匆忙回家的路上指着月亮问：“什么，那？”“那是月亮。”如此的回答眼下还能应付，但要不了多久，我恐怕就要挖空心思地向他解释“月亮是什么构成的，它离我们有多远，一条金鱼能不能活在上面”，等等。

难就难在，对于孩子们的问题，即使我们曾经知道答案（或部分答案），我们大概也都忘记了，或只记得一部分。想象一下，如果此时我们能够得到专家的帮助，从而得到简单明了的正确答案，那该多好呀……这便是我们编辑此书的初衷。

在10所小学的帮助下，我们请数千名4到12岁的孩子把他们最想搞清楚的问题寄给我们，结果非常有趣而迷人。有的问题可爱又离奇，比如“为什么太空如此星光闪烁？”“第一个养宠物的人是谁？”“一只蜂能蜇另一只蜂吗？”还有的问题极端难以回答：“海洋是从哪儿来的？”再有一些问题则触及了深奥的哲学的核心：“为什么会有战争？”“你是如何堕入情网的？”“善从何而来？”

在孩子们的问题中，我见到许多涉及身体机能的问题，比如，“为什么小便是黄色的？”这样的问题似乎引起了许多孩子的困惑；宇宙的奥秘显然令许多孩子着迷，更不用说鸡、牛、猴子这些动物了。有一个问题问得格外富有天才性，囊括了上面提到的牛、肠子和空间旅行的所有要素：“如果一头奶牛一整年不放屁，然后放个大大的屁，它会飞进太空吗？”

面对这些问题，世界上的专家会怎样解答呢？我们的专家组艰难但热心地做出了回答。不管多忙，他们都挤出时间来合力完成这本书，让英国防止虐待儿童学会（NSPCC）——英国首屈一指的儿童保护慈善机构——受益。

贝尔·格里尔斯不辞辛苦地解释了吃蚯蚓的营养益处；在2012年奥运会开幕前仅两个月，杰西卡·恩尼斯给我们寄来了一条奥运精神的箴言；德润·布朗开动脑筋来解答“人类的大脑是世界上功能最强大的东西吗？”；菲利帕·格雷戈里搁下手头正在创作的小说，来解述为什么盖伊·福克斯如此的“淘气”。在专家们看来，没有问题是怪诞不经的。历史学家贝塔尼·休斯在被我们问到“亚历山大大帝是否喜爱青蛙”时，连眼睛都没有眨一下。

对于所有涉及的问题，本书给出的只是其中的一种答案。它只是一本言论集，是每位专家对孩子们的奇特问题所做的个人回答。我们希望你能欣赏他们的想法并从中受益，同时放飞自己的想象——想象不需翅膀也能飞翔。比如想象一头牛靠自己放的屁，推动它在同温层里遨游（多谢科普作家玛丽·罗奇和她作为火箭专家的朋友雷对这个问题进行了数学计算）。

在那个晚上，当儿子问我有关月亮的问题时，我正忙于盘算晚餐该吃些什么。躺在婴儿车里，他一下子领略到了天空的美丽。头一次，他看到在苍穹上有一个洁白的、怪异的球在幽黑的夜空里闪烁。他问：“什么，那？”这让我也留意到了那一轮满月，于是我们停下来，盯着它。对我们来说，它是多么奇特又新鲜呀！

杰玛·埃尔文·哈里斯

衷心的致谢

我由衷感谢你们这些杰出的科学家、历史学家、哲学家、心理学家、博物学家、探险家、艺术家、音乐家、作家、考古学家、古人类学家与运动员，感谢你们在百忙之中花时间回答孩子们的问题。还要感谢那些可爱的喜剧演员们，你们创作了书末的花絮。如果要对每一个人单独地致谢，需要花太长的篇幅，因而我只想说："'英国防止虐待儿童协会'对你们的好意深表感激。"

没有10所学校热情的参与者，我们也就没有孩子们的问题。因此，特别感谢来自下面这些学校的教师与学生们：爱丁堡（Edinburgh）的科斯托芬尼小学（Corstorphine Primary School）和玛丽·厄斯金及斯图尔特的梅尔维勒小学（Mary Erskine And Stewart's Melville Junior School），什罗普郡（Shropshire）的克劳伯里 · 莫蒂默小学（Gleobury Mortimer Primary School），莱切斯特（Leicester）的农庄林地小学（Woodland Grange Primary），图亭（Tooting）的弗兹道恩小学（Furzedown Primary School），齐平 · 索德伯里（Chipping Sodbury）的瑞斯菲尔德幼儿园（Raysfield Infants' School），托特纳姆（Tottenham）的马尔伯里小学（Mulberry Primary School），哈斯勒密尔（Haslemere）的绍特米尔小学（Shottermill Junior School），吉尔

福德（Guildford）的伯克斯格罗夫小学（Boxgrove Primary School），新汉姆(Newham)的庄园小学(Grange Primary)。特别要感谢玛丽·厄斯金及斯图尔特的梅尔维勒小学的副校长吉利安 · 莱昂（Gillian Lyon）以及农庄林地小学的卡罗琳 · 高汉姆（Caroline Gorham）、埃德 · 弗拉纳根（Ed Flanagan）与柯克 · 海勒斯（Kirk Hayles），他们对本书的编纂出力良多。

还要感谢朋友们充满好奇心的子女、侄子与侄女们，他们提出了首批问题。他们是：斯科特家、弗莱明斯家、雷斯家、格雷格家、卡特尔家、迈乐尼 · 赖安、开特 · 迪恩及其孩子、尼克尔 · 马丁、本·克鲁和鲁比、以斯帖和哈娜·戴维斯一家。

还有感谢以下各位，他们为本书的编辑提供了创意、建议和推广：英国 Outset 青年组织的亚纳·皮尔（Yana Peel）；汇丰银行的乔 · 加利亚诺（Joe Galliano）、西蒙 · 普罗瑟（Simon Prosser）、杰米 · 宾（Jamie Byng）、马尔库斯 · 乔恩（Marcus Chown）、邓肯 · 科珀（Duncan Copp）、克里斯 · 赖利（Chris Riley）、理查德 · 霍洛维（Richard Holloway）、贾斯汀 · 普拉德（Justin Pollard）、罗杰 · 海菲尔德（Roger Highfield）、克里斯 · 斯特林格尔（Chris Stringer）、吉勒斯 · 摩根（Giles Morgan）；还不能不提到古斯 · 布朗（Gus Brown）、萨利 · 霍华德（Sally Howard）、埃米 · 弗拉纳根（Amy Flanagan）、恩噶玉 · 泰鲁（NgayuThairu）、克里斯 · 黑尔（Chris Hale）、凯特尔夫妇、拜朗夫妇，以及我的姐姐索菲和露辛达，感谢他们的鼓励与多方联络，并为我补充了我所欠缺的科学思维。

我还要感激耐心的经纪人：迈克尔· 维因协会的乔·萨斯比（Jo Sarsby）、耐利·安德鲁（Nelle Andrew）、苏·里德尔（Sue Rider）、苏菲·金斯顿-史密斯(Sophie Kingston-Smith)、斯蒂芬(Stephen);凯瑟琳·克拉克(Catherine Clarke)、卡罗琳·道内(Caroline Dawnay)、汉娜·钱伯斯(Hannah Chambers)、薇薇安尼·克劳尔(Vivienne Clore)。

我真心地感谢自己的经纪人科蒂斯·布朗公司的戈登·怀斯(Gordon Wise)与我的编辑汉娜·格里菲斯(Hannah Griffiths),你们毫无保留地支持这个项目,并为此奉献了自己的才智和创造力。还要感谢来自费伯集团的团队:露西·尤因(Lucie Ewin)、多纳·佩内(Donna Payne)、莎拉·克里斯蒂(Sarah Christie),以及我们的插图画家安迪·史密斯(Andy Smith)。也要感谢国际建设管理学会(ICM)的克里斯丁·达尔(Kristine Dahl)与爱步公司(Ecco)的希拉里·雷德蒙(Hilary Redmon),哈珀·柯林斯出版社,感谢他们来自大西洋彼岸的奉献与支持。还要感激每一个使本书在美国取得令人激动的成功的人。

对于英国防止虐待儿童学会那支激情四射的团队,我致以深深的敬意与钦羡之情,我希望本书能够对你们重要的工作有所帮助。查理·米汉(Charly Meehan)、维欧拉·卡尼(Viola Carney)、斯蒂凡·索珀里斯(Stefan Souppouris)、海伦·卡朋特(Helen Carpenter)、露西·斯蒂奇(Lucie Sitch)、莎拉·戴德(Sarah Dade)、丹·布雷特-施耐德(Dan Brett-Schneider)以及筹款联络组的成员们,与你们一起工作真是妙趣无穷。

最后,我要提到我慷慨的丈夫尼克(Nick),我对你的感激和爱意千言难尽。

1. 为什么水是湿的？

罗杰·海菲尔德

一个答案是：当你触碰一汪水时感到潮湿，是因为指尖告诉大脑那种感觉是“湿的”。

神经脉冲能将信息从皮肤传递到大脑，我们称之为触觉。触觉还能告诉你冷或热，粗糙或细腻，以及干或湿。水的感觉是潮湿的，这说明水是一种液体。

不过，水只是在 0 到 100℃之间才是液体，在 0℃以下，水是固态的冰。如果冰箱里的冰块被放在室温下，冰便开始受热融化，重新化成液体。当水壶中的水被加热到 100℃以上时，就变成了肉眼无法看见的气体，被称为水蒸气。（你看到壶中冒出的蒸汽其实是液态的小水滴，是水蒸气遇到壶周围的冷空气时形成的。）

如果你有一架超级显微镜，就会看到水是由分子组成的，每个分子又由更小的物质——原子——组成。你可以把这些东西想象成乐高积木，它们组合在一起构成你周围的一切，也构成你身体中的一切。

每个水分子都是由两个氢原子与一个氧原子结合成的。水分子之间也相互“黏合”，靠的是氢原子的一种特殊性质。关于这种特殊黏合（化学上称之为“氢键”），你长大后会学到更多的细节。现在你需要知道的是，这些氢键使水分子互相结合得更加紧密，比大小相近的其他分子都要紧密。这使水在很多方面都很奇特。

下面是水的一些奇特之处：

- 液态水的表面有一层薄薄的“皮肤”,你不能看到它,不过它结实得足以令昆虫在其上行走。由于有这层皮肤,液态水可以粘在我们的手上和衣服上,让我们感到潮湿。其他一些液体,比如水银,在室温下不会有潮湿的感觉,因为它没有这种轻微的黏性。假使你把水银倒在手上,它会像弹球一样滚动。(不过别做这样的尝试,水银有毒！)

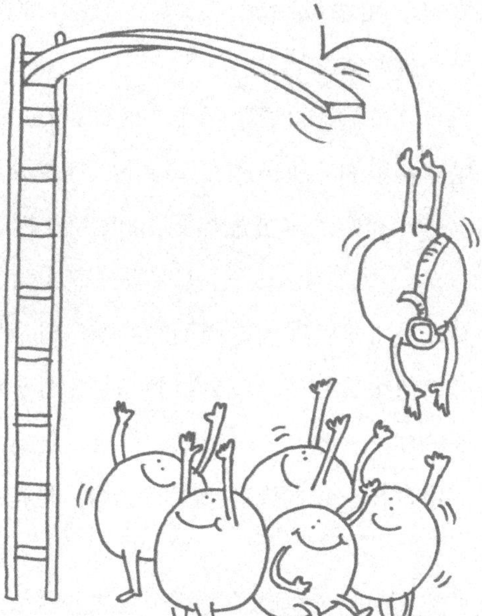

- 与分子大小和水相似的其他物质相比，水沸腾和融化所需的温度要高很多。
- 多数物质在冷却时会收缩，但在氢键的影响下，水在冻结时会膨胀，所以冰会上浮。
- 美国加州大学伯克利分校的里奇·塞卡利(Rich Saykally)做了一些很机智的实验，牛津大学的大卫·克拉里(David Clary)随后又将实验做了很好的总结，实验显示：要想感觉到潮湿，至少需要 6 个水分子；如果少于 6 个，分子形成的水膜只有一个分子厚。当把第 6 个分子加进来时，整簇分子就会快速转化成一个微型水洼，于是我们便感觉到了潮湿。

罗杰·海菲尔德（Roger Highfield 1958—），英国科学博物馆集团对外事务部主任，曾为《新科学家》杂志（*New Scientist*）编辑。他第一个做到了将一个中子在肥皂泡上反弹回来。

2. 吃蚯蚓有事儿吗？

贝尔·格里尔斯

这样说吧，要是用来救急，吃下一条蚯蚓是肯定不会有事的；但相信我，你不会愿意天天都吃蚯蚓。即使你只吃一条的话，也一定要小心一些，因为蚯蚓的胃里有一些有害的东西（毕竟它们整天在地下转悠嘛），最好是将它们弄熟了。我还发现把它们同松针一起煮，味道会好一些。

我永远也不会忘记吃下的第一条蚯蚓。我目瞪口呆地站在那儿，看着一个士兵把一条长长的、多汁的蚯蚓从牙缝间嘬进，生嚼活咽，我感到恶心。等轮到我时，我觉得恶心极了。

但你猜怎么样？如果你不断练习并总是饥肠辘辘的话，就会适应的。这里有一条生存的真谛：如果你的意志力足够强大，那些看似不可能的事情你也有办法去做。这是蚯蚓教会我的。哦，还要记住：即使遭逢逆境也要面带微笑，这是第二重要的心得。好了，出发，去探险吧！

贝尔·格里尔斯（Bear Grylls，1974—），英国著名探险家、电视制作人与作家，其制作的电视节目《荒野求生》（*Man vs Wild*）风靡全球。贝尔童年时接受过搏击训练，后加入英国特种部队。他在23岁时爬上了珠穆朗玛峰。

要是用来救急，吃下一条蚯蚓肯定不会有事的。但即使你只吃一条，也一定要小心一些，因为蚯蚓的胃里有一些有害的东西（毕竟它们整天在地下转悠嘛），最好是将它弄熟了。

3. 世上还有没被发现的动物吗？

大卫·阿滕博格爵士

当然有了，成百上千，或许成千上万呢。不过没有人能搞清确切的数字，因为这些动物还没被发现呢。

要是在热带雨林里待上一天，在灌木间或稠密的林叶中挥舞一张捉蝴蝶的网，你一定能逮到上百只昆虫。可能其中多数是甲虫，这里面会有科学家尚不知晓的物种吗？你得去找一位甲虫专家问问，大多数甲虫他都会轻松认出来，但也许有些会难住他。

那么，这些就是新物种吗？他也许会在博物馆里花上很长时间，要将这些甲虫同博物馆里或书上的其他甲虫进行比较，才能确定它们是否为新的物种。不过，是的可能性很大，其实我倒觉得：找到能胜任如此艰难工作的甲虫专家，要比找到未知的甲虫更难。

未知的大型动物肯定要稀少得多。最可能找到的地方是我们尚难涉足的地方——极深的海底。只有乘坐特殊的深海潜艇你才能下到那些地方去，此种潜艇必须格外结实，能够承受住巨大的水压。当然，海下一片漆黑，要去搜索你得带上强光灯。

在强光灯的照射下你可能瞥见一些踪影。不过要想确定它便是某种新动物，你需要抓住它并加以仔细研究。在如此的深海中捕捉动物是极端困难的，需要非常专业的装备。然而，我仍然相信深海里会有我们尚未见识过的怪兽。

大卫·阿滕博格爵士（Sir David Attenborough，1926—），英国最著名的自然历史节目主持人兼制作人与环保主义者。在近60年的职业生涯中，足迹几乎遍及整个地球。他所制作并主持的9个系列的动物节目《生命》（*Life*），对各种生物做了系统的调查和介绍，为全世界观众所喜爱。

4. 原子是什么？

马库斯·乔恩

原子是构筑万物的建筑材料，你、我、树木，甚至我们呼吸的空气都是由原子构成的。你看不到原子，它们太小了。即使想横跨句末惊叹号上那个小小的圆点，也需要上千万个原子手拉着手才行！

不过，要是你真看见一个原子的话，就会注意到一些非常奇怪的事情，构成原子的东西根本就没几样。实际上，原子内绝大多数地方都是空荡荡的。

原子的中心有小小的一团物质，叫作原子核。围绕着原子核，如同行星围绕太阳一般，是更加稀薄的一团团物质，叫作电子。在原子核与电子之间，有大量的空间。也就是说，你我这些由原子组成的人，几乎都是空的。

由于原子里留有如此大的空间，要是能将体内所有原子的空间都挤走的话，那么一块方糖大小的盒子就能装下地球上的所有人。想象一下，全人类挤在一个方糖那么大的盒子里。不过得提醒你，那可是一块特别、特别重的方糖呀！

还有一件与原子有关的事情。原子共有 92 种不同的类型（另有几种在自然界并不存在，却被科学家们造了出来）。正如同你用乐高积木，通过不同的组合可以拼出房屋、小狗或船一样，通过不同的组合方式，原子靠巧妙的组合拼造出了花朵、树木或新生的婴儿。我们所有人都是由原子拼装而成的，而每个人的差别则是由于拼装方式的不同所造成的。

马库斯·乔恩（Marcus Chown，1959—），科普作家、记者、节目主持人兼制作人。毕业于伦敦大学物理系，并在加州理工学院获得天体物理硕士学位。其作品《轻松搞定量子理论》（*Quantum Theory Cannot Hurt You*）广受好评。

5. 为什么大人们说了算？

米兰达·哈特

我得说自己也时常在想这个问题。看到大人们在做你无法理解或者吩咐你干的事情看起来不那么正确或公平时，也许你就会问这个问题。想来你多半会觉得：要是能不必听从大人的吩咐，自己一定会更快活。而且，尽管我自己也算是成人了，可有些时候，当长辈或上司命令我做事情时，我也会感到愤怒，会觉得他们一定是错了。

看到大人们在做你无法理解，或者吩咐你干的事情看起来不那么正确或公平，也许你就会问“为什么大人们说了算”。你多半会觉得：要是能不必听从大人的吩咐，自己一定会更快活。

但另一方面，我们必须信任长辈们，他们有丰富的人生经验和生活阅历，能够做出正确的选择，而且他们非常爱我们，时刻关心着我们的安全和利益。当然你并不是总能体会到这些，并且大人们有时也会犯错。当你对大人们感到强烈不满时，需要心平气和地告诉他们，听听他们怎么说，而不要怒气冲冲。不过大体上讲，随着年龄的增长和生活阅历的增加，人会变得更加聪明，看事情也更加透彻，这便是“成年人说了算”的道理所在。总有一天，你自己长大后，就会真切地理解我的意思。

这里，我想与你分享一个小秘密。我觉得大人们之所以犯错，往往是因为他们忘记了孩子应该是什么样子的，因此你可以提醒大人们注意三件要紧的事情：

首先，让大人花时间来跟你一起玩非常重要，而大人们有时对工作太专注了。

其次，提醒他们不要太在乎别人的看法，做好自己，大胆说出自己的梦想。不去追寻自己的梦想是很傻的，难道你不这样想吗？

最后，大人们已经忘记了如何无忧无虑地快乐生活，而这方面你却是专家。你可以教会他们不要为明天担忧，日子是一天天过的，每一天都应该尽享其中的乐趣。

米兰达·哈特（Miranda Hart，1972—），英国作家、喜剧演员。她的情景喜剧《米兰达》（*Miranda*）使她成为英国最受欢迎的喜剧演员之一，并由此获得了皇家电视协会颁发的“2010年最佳喜剧表演奖”。此外，她从小还有一个梦想是获得温网女单冠军。

6. 为什么血是红的，不是蓝的？

克里斯蒂安·杰森

你可能听说过国王和王后的血是蓝色的[1]。那可能很好玩，但恐怕不是真的。没有人的血是蓝色的，血总是红色的。

我知道，如果你仔细观察自己胳膊上的静脉，它好像盛着蓝血似的。但那只是因为静脉非常靠近皮肤的表面，皮肤仅仅让某些颜色的光透过，所以静脉里的血从外面看起来像是蓝色的。可在静脉里面，血依旧是红色的。

是什么让你的血呈现红色呢？血的颜色得自于血红素。血红素是一种非常重要的化学物质。它负责将氧气从你的肺部运输到你的全身，给你运动的能量。尽管血从不会是蓝色的，但血红素的颜色还是会有些许变化的。当你的身体里充满了氧气时，血红素会使你的血液呈现出明亮的红色；而假如你进行长跑或其他运动，身体就会消耗很多的氧气，那么你的血液会变成暗红色，它们会被很快泵回到肺里，去携带更多的氧气。

---

① “蓝色的血（Blue Blood）”为英国成语，典故来自西班牙。当时白皮肤的西哥特人同黑皮肤的摩尔人进行了长时间的战争。西哥特人为了证明自己的高贵血统，会伸出握剑的手，展示手臂上的蓝色静脉，并宣称自己的血是蓝色的。

不过，一些动物确实有蓝色的血。你知道是哪些动物吗？章鱼、墨鱼、龙虾、乌贼、马蹄蟹等，都是蓝血动物！

克里斯蒂安·杰森（Christian Jessen，1977—），英国医生、电视主持人。其主持的节目有《令人尴尬的身体》（*Embarrassing Bodies*）、《超胖对超瘦》（*Supersize vs. Superskinny*）等。作为伦敦的一名临床医生，他目前正关注性安全与艾滋病防御的问题。

7. 梦是怎么产生的？

阿兰·德波顿

大多数时间里，你会感到能够控制自己的大脑。你想要玩乐高吗？没问题，大脑会帮你的；你喜欢读书吗？只要把文字放在眼前，那些书中的角色就会在你的脑海中浮现。

但在晚上，奇怪的事情发生了。当你躺在床上，脑子里便开始上演那些最为荒诞、最为神奇，有时候又最为恐怖的剧目。

你也许会在亚马孙河里游泳，也许正紧紧抱住飞机的翅膀，也许被最严厉的老师监视着应付五个小时的考试，或者在吃一大堆虫子。很多事情在现实生活中你是知道的，只是并没有多加留意，它们却成了你的梦境的温床，在梦幻世界里被活灵活现地演绎：当你做梦在假日里到桑给巴尔[①]旅游时，那个街口摆报摊的男人突然成了同行的一员；一个在学校里从未交谈过的男孩突然在梦里成了你最要好的朋友。

古时候，人们相信梦可以很好地预示未来。如今，我们往往认为梦是大脑进行重新整理的方法，是在忙碌一天之后的自我清理。

那么，为什么有时会做噩梦呢？那是因为，白天也许发生了一

① 桑给巴尔（Zanzibar），非洲中东部国家坦桑尼亚所属的一个岛屿，其含义是“黑人的海岸”。

些事把我们吓着了，只是我们当时太忙了，没工夫好好地想想。到了晚上，在我们安然入睡以后，这些恐惧便跑了出来。同样的，也许你白天做了一件自己非常喜爱的事情，但匆忙间并没来得及品味，它便有可能在梦里出现。在梦里，我们回溯那些错过的事情，修理那些毁坏的东西，为你所爱的东西编织故事，同时，那些通常被置于脑后的恐惧也会出来游荡一番。

同日常生活相比，在梦里，激动与恐惧的程度都更加强烈。梦让我们见识了大脑是一种多么无与伦比的机器！如果只是用它来做功课或玩游戏，那便真是大材小用了。梦告诉我们，我们恐怕并不是自己的主宰。

阿兰·德波顿（Alain de Botton，1969—），出生于瑞士的英国作家、哲学家。现任教于伦敦大学，擅长探讨与日常生活相关的哲学问题。1993年以小说《爱情笔记》（*Essays in Love*）走红，于2011年被选为皇家文学院成员。阿兰有两个儿子，他最大的乐趣是与他们一起搭乐高。

8. 环球走一圈需要多长时间？

罗茜·斯威尔–波普

我不知道环球走一圈需要花多长时间，但环球跑一圈花了我1789天，并磨破了我53双鞋！

在我丈夫去世后，我开始了慈善性的环球长跑。这件事让我很高兴，它非常奇妙，使我认识了如此多的人，并了解了动物、森林，还有我自己。

在西伯利亚的森林里遇到一群狼是我最为难忘的经历之一。西伯利亚是世界上最偏僻的地方，那里的冬天异常的美丽，也极端的严寒。

当时我正在帐篷里过夜，突然听到一点动静。片刻之后，一匹狼将脑袋探进了帐篷。它毛茸茸的爪子前伸着，毛上黏着的雪融化了，看上去像是一颗颗钻石。随后，它退了出去，走掉了。

在接下来的10天里，狼群一直远远地跟着我，但从未靠近和伤害我。我记得狼是经常会看护人类的。

每到一处，我遇到的人也相当特别。比如在俄国，一个吓人的男人挥着斧子向我跑来，到跟前却好心地给了我一袋面包！他是一个伐木工，叫阿里克谢，他觉得我一定肚子很饿。还有阿拉斯加白山地区的孩子们，在我出发跑向茫茫荒野前，他们给了我一面自制的美丽旗子，他们的老师说："我们用你的名字命名了一颗星星，当我们仰望星空时，便会想起你。"

最终，我成功了，环绕了全世界。在我的家乡，威尔士的滕比（Tenby），有一块铺路石上刻着我的两个脚印。那是我整个旅程的第一步和最后一步，在这两步之间，横亘着 2 万英里（约 3.2 万公里）的距离。

感谢你问了如此好的问题。如果你有一个梦想，无论它是什么，去实现它吧！我祝世上所有的人好运！

罗茜·斯威尔－波普（Rosie Swale-Pope，1946—），英国作家、探险家、马拉松运动员。57 岁时决定跑步环游世界，历时 5 年完成这一壮举，并以此为俄罗斯孤儿募集到 25 万英镑善款。罗茜是唯一一个通过划船与跑步两次完成环球旅行的人。

9. 为什么我们要有音乐？

贾维斯·科克尔

这是一个很好的问题，我真希望能知道答案。（哈哈，开玩笑呢！）是的，即使音乐从世界上消失了，也没有人会死掉的。音乐与空气或水不同，没有它我们也能活下去。不过，想象一下，要是没有了音乐我们的生活将会多么枯燥呀：迪斯科舞厅都停业了；在寂静中，音乐会不过是一大群人瞪着看一小群人站在舞台上，如同在观看音乐雕塑……还好，不至于到那步田地，对吧？

好的，我们言归正传。既然地球上的每个民族都有音乐，那就一定有它存在的道理。其实，一些科学家认为人类学会唱歌和演奏要比学会说话早很多年。

音乐也许是我们最早的沟通方式，即使到了今天它仍是一种无言的交流方式：想一想那些欢乐的歌和忧伤的歌，它们都使用同样的音符（仅仅 12 个），却能表达如此不同的心情。“嘿，那是因为有歌词！”你也许会这样说。但不对，请听听收音机里的那些外语歌，即使你不懂歌词，仍能把欢乐的歌曲与忧伤的歌曲区别开来。是音乐的声音在告诉你。它是怎么起作用的呢？我不知道，但它确实在起作用。音乐拥有魔力，我想这就是为什么我们需要它。

音乐拥有魔力，并且我们随时随地都可以感受到。当你播放一首自己喜爱的歌曲时，一种战栗的感觉会自耳后生起，一路向下，传递到你的颈后（有时甚至会引起鸡皮疙瘩来），那是一种极为美妙的感觉。

我也喜爱电影、戏剧、书籍和绘画，但它们都不能给我那样奇妙的感觉，只有音乐能够做到。

这就是为什么我们要有音乐。

音乐与空气或水不同，没有它我们也能活下去。不过，想象一下要是没有了音乐我们的生活将是多么枯燥呀！如果是那样，音乐会只不过是一群人瞪着看一小群人站在舞台上，如同观看音乐雕塑……

贾维斯·科克尔（Jarvis Cocker，1963-），英国著名音乐家。1990年代创建著名的果浆（Pulp）乐队并作为该乐队的主唱，因此成为英国家喻户晓的人物。如今，贾维斯是一个独唱音乐家，他自己写歌并表演，还在电台主持一档音乐节目。

10. 外星人存在吗？

塞思·肖斯塔克

在我还是个孩子时，我会时常仰望夜空，看着成千上万的星星不禁会想："那里也会有人吗？"

如今，外星人（那些来自未知行星的智能生物）大量出现在电影和电视剧中，外星人好像到处都有。不过，电影或电视中的事情不全都是真的。那么，关于外星人科学家又怎么说呢？外星人存在吗？

答案是：我们还不知道。

由于宇宙是如此之大，因而多数科学家认为外星人很可能是存在的。我们所居住的星系叫作银河系，是由大量的恒星组成的。科学家们相信，银河系里有大约一万亿颗行星；而通过天文望远镜，像银河系这样的星系至少还能找到1000亿个。因此，在宇宙中可以观察到的范围内，行星的数量像地球上的沙粒一样多。

既然有如此多的地方可能存在外星人，那么相信外星人真的存在便显得很合理了。

我们如何发现外星人呢？一些人认为：那些大眼睛的天外来客已经飞越了太空，乘坐飞碟造访过我们的天空。这故事听起来很有趣，但多数科学家们却并不相信。为什么呢？因为有关飞碟的报道并不令人信服。当你看到空中有一个发光体时，很难断定那到底是什么。比如，你看到的可能是一架飞机、一个气球或者一颗人造卫星。要想使科学家们相信这些神秘的发光体是外星球的宇宙飞船，就要有更充分的证据。

还有一种发现外星人的方法，是用巨大的天线搜集来自外太空的无线信号。如果能够收到其他行星上的广播，我们就会晓得那里可能有人存在。我的工作就是搜集这些信号，到目前为止，我还未听到任何外星人的喊话。不过，搜索工作才刚刚起步，我认为到2050年左右，我们也许会发现点儿什么。

那时，我们就会知道这个问题的答案。“外星人存在吗？”答案将是：“存在。”

塞思·肖斯塔克（Seth Shostak，1943—），美国天文学家。加州理工学院天文学博士，现为“外星智能生物研究院”（SETI Institute）资深科学家。塞思8岁时，因为看到了一本描绘太阳系的图书，便开始对外星人产生了兴趣。

11. 风是从哪儿来的？

安东尼·伍德沃德　　罗布·潘恩

风不过是从一个地方向另一个地方移动的空气。

像许多事情一样，太阳是风的源泉。每天太阳都温暖着地球，但并不是所有的地方都受热均匀，一些地方往往比其他地方获得更多的阳光。获得阳光最多的地方是地球的腰部，即赤道地区。那些接近赤道的地区往往是最热的，比如热带雨林、沙漠以及热带岛屿等。获得阳光最少的地方是地球的边缘地带，即两极地区。那里冰天雪地，除了北极熊和企鹅外，没什么动物喜欢在那里待着。

好的，当空气被加热，它就会上升。随着热空气的上升（注意，这是重点），就要有东西填补空出来的地方。什么东西呢？是更多的空气，比较凉的空气。于是，暖空气上升，冷空气流过来填补空缺，像变戏法一样，风就产生了。

当大量的空气上升导致更多的空气涌进时，空气便移动得特别快，这便形成了飓风和风暴；当受热上升的空气较少时，空气流动得较慢，我们感受到的便是微风拂面。

我们所呼吸的空气像个泡泡一样包裹着地球，它一刻不停地经历着冷热的变化，不断移动，相互混合。因此，天气也在不断地变化。

既然起风的原因在于太阳，那么晚上为什么也会刮风呢？因为，当你看到夜幕降临时，并不是所有的地方都是夜晚，太阳总会照耀、温暖着一些地方，总在驱赶着空气移动。

也许你还想知道，为什么你爸爸有时也能生起一股恶风来呢？你知道，我们也知道：他一定是吃了太多的炒黄豆。

安东尼·伍德沃德（Antony Woodward），英国作家，为英国多家媒体撰稿。其畅销作品“*Propellerhead*”讲述了有关飞行的故事。也许是巧合，安东尼的作品往往都与云有关。

罗布·潘恩（Rob Penn），英国作家、摄影家、电视节目主持人兼制作人。曾骑车环游世界。

12. 我们为什么说英语？

大卫·克里斯特尔

如果你离开住处，到较远的地方去旅行，你可能会注意到：那里人讲话的方式同你和你的朋友们不一样。你会听到不同的发音，我们称之为不同的口音（Accent）；并且，你还会听到不同的字眼和造句方式，我们称之为不同的方言（Dialect）。

口音和方言透露了你来自何方。比如，人们会说“他有威尔士口音”，或者“她听起来像是伦敦来的”，等等。来自其他国家的人也带有口音和方言，通过某人的讲话方式，你可以知道他是来自美国还是澳洲。

当人们从一个地方搬到另一个地方时，口音和方言就会改变。他们把原来讲话的方式抛到了脑后，开始用新的方式说话。几千年前，当人们在地球上四处迁徙时便是如此。当他们在一处新的地方住下后，便逐渐发展出新的说话方式。日久天长，他们的语言就变得与原先的非常不同了，如果他们此时再回到先前居住的地方，那里的人也许根本听不懂他们的话了。当这样的事发生时，我们就说他们已在讲不同的语言了。

大约3000年前，居住在欧洲东部和南部的族群开始向北迁徙到今天的德国、荷兰、丹麦、瑞典和挪威一带，他们被称作日耳曼人（Germanic），所使用的语言及其方言也被称为日耳曼语。

一个叫比德[①]的修士写了一本书，告诉我们在公元5世纪时，欧洲北部各地的日耳曼族群是如何到达不列颠群岛的。他提到这些人中有些被叫作盎格鲁人（Angles），有些被称为撒克逊人（Saxons），还有些被称为朱特人（Jutes）。他们在不列颠岛的不同地方安顿下来，不久就发展出了新的讲话方式。

过了一些时候，这些新来的定居者便有了一个名字——盎格鲁–撒克逊人（Anglo-Saxon），意思是英吉利（English）的撒克逊人，而不是仍居住在欧洲大陆上的撒克逊人。他们称自己的国家为英吉利之地，并最终转成了我们所熟知的名字“英格兰（England）”[②]，而新撒克逊人所使用的语言被称为英语。

如果你考察一下盎格鲁–撒克逊人所说的英语，就会发现它与我们今天所讲的英语差别是如此之大，几乎可说得上是外语了，我们称它为“古英语”。

如果你能够回到1000年前的话，你会很难听懂盎格鲁–撒克逊人所讲的话。但你能识别出许多现代英语还在使用的词汇，比如：房屋（house）、床（ bed）、小孩（child）、朋友（friend），等

① 比德（Bede，673–735），修士，英国最著名的历史学家，被称为英国历史之父。其著作《英吉利教会史》（*Historia Ecclesiastica Gentis Anglorum*）为英国历史的开山之作。

② 原文中Angles、English为相同意思，Angles为早期的称谓，后经变音后始为English。中文的翻译为音译，故有“盎格鲁”与“英吉利”两个词，其实只是指不同时期同一地区的人，类似中国人所称的“汉人”和“唐人”。

等。而且，如果你有幸同一个盎格鲁－撒克逊武士攀谈，你说：“I live in that street（我住在那条街上）。”他完全能听懂你的意思。因为这个句子中的所有字眼在1000多年前的英语中都已经存在了。

大卫·克里斯特尔(David Crystal,1941—)，雷丁大学(Reading University)教授，语言学家。在语言学方面著述颇丰，为英国社会科学院(British Academy)院士。

13. 为什么我们无法长生不死？

理查德·霍洛韦

如果人们都永生不死，过不了几年世界就会拥挤不堪，大家都动弹不得了。

同你生活在一起的人也会越来越多，你家里再也找不到多余的地方来容纳他们了。一开始你可能会觉得挺好玩的，但很快你就没地儿睡觉、没有自己的床或者不能独自玩游戏了，哪儿哪儿都挤满了人！

粮食供应也成了问题，世上所有的粮食很快便吃光了，人们非常饥饿，非常虚弱，很可能为了抢吃的而打起来。

最糟的是，生活变得极度的枯燥与疲惫，就如同去上一所从不下课、从不放假的学校一般，一切都没完没了没完没了没完没了，同样的事情一遍一遍一遍又一遍地重复。

正因为人类不能永生，我们才能盼望自己长大成人，然后生儿育女，然后安度晚年，然后平静死去，才能把空间留给我们的孩子，让他们生活、生长、生育，生生不息，直到永远。

理查德·霍洛韦（Richard Holloway，1933—），苏格兰作家、主持人及节目制作人，前爱丁堡教区主教（The Bishop of Edinburgh）。他是英国多家大报的撰稿人，并主持多档电视及电台节目。

14. 为什么恐龙灭绝了而其他动物没有？

理查德·福提

恐龙也许十分庞大，但这并不代表它们能扛得住任何打击。有时候，过于庞大未必是件好事情，因为对于恐龙这样的大型动物而言，要活下来就得吃大量的食物。那些特别凶残的恐龙，比如暴龙，需要吃其他的恐龙，如果其他的恐龙灭亡了，它们便也活不下去了。

在五六百万年前，当一块巨大的陨石砸在地球上时，无数的灰尘和毒气扬起并遮住了天日。植物的生长需要阳光，由于缺少了阳光，所有的植物都无法生长。它们逐渐干枯死亡，土壤里只剩下些坚果和种子。

没有了植物可吃，大型的陆生植食恐龙很快便饿死了。不久，在吞噬完植食恐龙的尸体之后，肉食恐龙们也断粮了，很快便踏上了它们那些亲戚的后尘。如今，我们只能从恐龙的化石上了解它们。

但其他的动物却存活了下来。小型的哺乳动物和蛇类可以靠吃土里的甲虫或其他小动物活下来，尽管日子一定过得相当地艰难，却得以挺过灾难。与此同时，海洋里巨大的海生恐龙灭亡了，但蟹类因为几乎能吃任何东西而活了下来。下一次到海边露营时你不妨观察一下，看看螃蟹是怎样偷走你的残羹剩饭的，它们可一点也不挑剔。很多种蚌和蜗牛也活了下来，它们同样需求简单。

并不只是巨型动物才会灭亡，鹦鹉螺便是与恐龙同时灭绝的。鹦鹉螺是一种生活在水下的有壳类动物，它们的贝壳看起来有点像卷曲的羊角，它们早于恐龙几百万年便出现了。

下面，该让你大吃一惊了……恐龙并没有真的都灭绝了！恐龙并非都硕大无比，一些个小的恐龙其实比一只猫大不了多少。有些小恐龙长着羽毛，其中某类便是现代鸟类的祖先。鸟类的胃口很小，日子不好过时，它们还可以迁徙到很远的地方去觅食。如今，多数科学家都赞同：那些前臂演化成翅膀的恐龙就是鸟类的祖先。了解了这些之后，你想必也会赞同：恐龙并没有死绝，一些小型恐龙脱离了险境。

理查德·福提（Richard Fortey，1946—），英国古生物学家、作家。曾长期在伦敦自然历史博物馆从事古生物学研究。1997年当选皇家科学院院士。

15. 为什么蛋糕美味可口？

洛兰·帕斯卡尔

你知道吗？我过去也经常一遍又一遍地问自己这个问题。做蛋糕就像在做一个大型的科学实验，你把鸡蛋、黄油、白糖与面粉放进一个碗里，仔细地搅拌，再把它们放进烤箱，之后，就在烤箱里，奇迹发生了。

这些原料彼此间形成了一张神奇的网，仿佛它们都手拉着手，在炙热的烤箱里长呀长呀，同时还散发出美妙的香味，让人们不禁垂涎欲滴。

我想，蛋糕的美妙与美味正在于此。将原料捏合成蛋糕原胚需要点儿技术，但随后一切就是魔法了。我是说尽管有些食物也使用了同样的原料，比如甜馅儿饼什么的，可味道却远远赶不上蛋糕。

如果使用得法，奶油是一种奇妙的原料；白糖和鸡蛋也很了不起。还有面粉，它将所有的原料粘到一块儿，并保持一定的韧性。要想做出美味的蛋糕，让你在享用时大快朵颐，秘密全在于完美地搭配原料。

美味的蛋糕人人都能做。在我的神奇配方里，最先考虑的是我最钟爱的厨具——烤箱。为了让烤箱很好地施展魔法，其温度要达到 180℃ ；接下来要将 200 克绵白糖和 200 克黄油放到一起，用一

蛋糕的原料彼此间形成了一张神奇的网，仿佛它们都手拉着手，在炙热的烤箱里长呀长呀，同时还散发出美妙的香味，让人们不禁垂涎欲滴。

个大木勺搅打成膏状。

随后再加入4个中等大小的鸡蛋，用刚才那个大木勺使劲地搅。为了使蛋糕格外的美味，必须非常、非常使劲地搅打。

接下来的步骤最容易：加入200克自发面粉。这次不需要费多大力气，只轻轻搅拌就行啦。烤之前还要给蛋糕找个安顿的地方，两个圆圆的蛋糕模子便做成了它们的家，每个直径20厘米，里面衬上一层焙烤用的油纸。

放入烤箱前蛋糕模子只装一半，随后，在烤箱里，正如我前面提到的，奇迹发生了。

不过有一件事要牢记：想让魔法生效，就要耐心地等足30分钟。如果你半道儿打开炉门往里偷看，魔法就要失灵了，蛋糕也不会长得又大又软又美味了。通常，我在等待蛋糕出炉的30分钟里会做一些游戏，比如围着厨房唱歌跳舞什么的，然后念一下咒语："天灵灵，地灵灵！"蛋糕就烤好了，那么柔软，那么鲜亮。

蛋糕为什么如此好吃呢（尤其是那些填满果酱和奶油的蛋糕）？也许是因为它们如此有魔力，制作的过程又如此有趣吧。

洛兰·帕斯卡尔（Lorraine Pascale，1972—），英国模特、厨师。洛兰16岁时成为模特，是英国第一位登上美国Elle杂志封面的黑人模特。随后，她的兴趣转向烹饪，并专注于烘焙食品。她开有自己的烘焙店"Ella's Bakehouse"，并在BBC电视台出演烹饪节目。她还出版了3本烹饪书籍。

16. 闪电是如何产生的？

凯西·塞克斯

天空中的闪电格外壮观，看起来非常神秘，直至今日，人们还不能透彻地了解它。

我们知道闪电通常产生于积雨云中，这些云的高度令人咂舌，有时竟能超过 12 英里（19 公里）。这些云在雷暴天气时产生，看起来往往漆黑而狂暴。有时云的顶部状如铁砧，又像一个大蘑菇的顶部，这是云从中部向外大大延展的结果。

在积雨云的内部有很强的风（足以给飞进这些云里的小型飞机造成危险），风携带着湿润空气上升到上部寒冷的区域，形成了液滴和冰晶。一般认为云中的液滴、冰晶以及风可能是导致闪电的因素，但在进一步谈论如何产生闪电之前，需要先对原子有一定的了解。

所有的东西都是由原子组成的，你是，石头、水、动物、植物、空气分子都是。原子带有正电荷，与电子所带的负电荷相互中和。通常，由于彼此间强烈的吸引，正、负电荷紧紧地黏在一处。不过，巨大的外力可以将它们分开，而一旦两种电荷被分开，它们便想要尽快重新黏到一起。

现在，让我们再回到积雨云当中去。在强风的驱使下，雨滴与冰晶互相冲撞，很可能将负电荷与正电荷分开，带负电荷的电子聚集在云层的底部，正电荷则被风扫到了云层的顶部。正、负电荷究竟是如何分离的还不很清楚，科学家对此提出了不同理论。不过，一旦正电荷在上负电荷在下的格局形成，闪电便很有可能产生了。正负电荷想要重新聚到一起。在云层的底部，强大的负电荷想要恢复中性状态，便要么与云层上端的正电荷相连通，要么与地面相连通（地面相对而言带正电）。

最终，电性的差异变得如此之大，使得电子开始被吸向地面。一道梯级先导[①]形成了，这个词用来命名来自云端的第一道闪电，通常超过 50 米长。它会分叉，并有更多的梯级先导形成。当它们接近地面时，地面上的正电荷便与闪电前端的强大负电荷相连通了。

如果在电闪雷鸣的风暴中，你感到头发开始直立，情况不妙！因为你身上的正电荷想要与云中的负电荷相连通，你在被一道梯级先导所吸引。你的头发是可以动的，因而当你身上的正电荷在朝着什么东西移动时，头发便开始摆动了。

片刻之后，梯级先导接触了地面，或者地面上的正电荷接触到了梯级先导，于是闪电发生了，阵阵电流在云层与地面间往复。从地面上到云层的正电荷被称为“回击（Return Stroke）”，它们其实是闪电真正明亮的部分，而梯级先导几乎是看不见的。

有时你可以看到闪电在云中或云间生成，那是负电荷所形成的梯级先导从云层的底部上达顶部。

---

① 梯级先导（Stepped Leader），雷雨发生时，云底端与地面形成强大电场，随着电荷的积累，电场越来越强。这时大气被强烈电离，形成一段被电离的气柱，是为梯级先导，其直径约 5 米，长 50 米。

无论哪种方式形成的闪电，这奇观不过是大气在中和被分离的电荷时所采取的手段。

凯西·塞克斯（Kathy Sykes，1966—），英国物理学家，布里斯托尔大学教授。她在 BBC 电视台主持过多档科学及替代疗法方面的节目。

17. 小小的种子如何能长成花草树木？

阿里斯·富勒尔

我热爱种子，热爱那个神奇的过程：一棵橡树从一颗种子中长出，或者一粒针尖般的罂粟种子出落成一朵硕大、妖艳的奇葩。

不是所有的种子都很微小，有的种子非常巨大。地球上最大的种子是海椰树的种子，直径有 50 厘米，重达 30 公斤。尽管不少人净拣些好听的名字送给它，比如爱情果什么的，不过它的样子看起来很像是狒狒的屁股。还有一些种子小得几乎看不见，比如凤仙花的种子。播种这样的种子可是件苦差事，因为一阵风就能把它们吹跑。

无论大小，所有的种子都遵循着一些基本的规律：种子里面是一个小小的植物胚胎，外面则裹着一层起保护作用的种皮。每个种子都像一个小魔法盒，需要好几把钥匙才能打开。这些钥匙是：水分、温度和光照（后两样都来自太阳）。一旦所有的钥匙都凑齐了，你就能解开种子的外衣，里面的植物胚胎便开始生长了。

之所以给种子上锁并配上钥匙，是为了让种子能选择一年里适合发芽的时间。没有人喜欢在冬夜里离开温暖的被窝，同样，大多数种子也不喜欢这样。它们愿意静卧在土壤里等到温度适宜时再开始生命之旅。

它们还需要水分来泡软坚硬的种皮，好让嫩芽破皮而出。想想干豆子的种皮有多硬，小小的嫩芽如何能够钻得出来？只有在种子吸饱了水，种皮变得柔软后，才有可能发芽。这就像一块法兰绒毛巾，干燥的时候特别硬，没人愿意用它来擦脸。可一旦把它浸到水里，就变得柔软、可爱。

每粒种子都自带了发芽所需的养料，因而一开始的时候它并不需要阳光（这便是它能在土底下生长的原因）。一旦嫩芽破土而出，阳光就开始给它提供能量了。有了适宜的水分、温度和养分，一粒小小的种子就能够发芽，并最终长成一株茂盛的植物。

阿里斯·富勒尔（Alys Fowler，1978—），英国园艺作家及电视节目主持人，先后在伦敦与纽约学习园艺。阿里斯曾在 BBC 电视园艺节目《园丁世界》（*Gardeners' World*）担任主持人，还为多家媒体撰写专栏，并出版有多部园艺书籍。

18. 为什么猴子喜欢香蕉？

丹尼尔·西蒙兹

猴子吃的食物多种多样：水果、蔬菜、坚果、叶子，甚至还有昆虫。不过它酷爱香蕉，因为香蕉特别香甜。像人类一样，猴子们喜欢美味的食物，香蕉便是它们最喜欢的甜点。

另外，猴子通常会用最快的速度吃东西，以防别的猴子来抢。（它们都非常淘气，经常偷同伴的食物。）香蕉柔软而易于下咽，可以很快地吃下去。

不同的猴子吃香蕉的方法也不同。最贪吃的猴子会把香蕉连皮整个吞下去，另一些猴子则会剥下皮只吃里面的果肉。有些猴子不太擅长剥皮，便将香蕉在地上使劲滚，直到里面的果实从皮破的地方挤出来。这方法很聪明，却太脏了。

攀爬、追逐、在树上荡来荡去会消耗许多能量，香蕉里含有一种叫果糖的物质，它的结构同白糖相似，可以为猴子提供所需的能量。

丹尼尔·西蒙兹（Daniel Simmonds），伦敦动物园管理员。他负责灵长类动物的管理，与他打交道的是大猩猩、小小的松鼠猴、顽皮的长臂猿，以及喜气洋洋的蜘蛛猴，等等。

19. 人类的大脑是世界上功能最强大的东西吗？

德润·布朗

没错！我们制造或引发的所有东西（神奇的、强大的或者可怕的东西），都源于大脑的思考。大脑给了我们思想和语言，通过思想和语言，我们有了伟大的发明创造，有了医学，有了战争，也有了任何你能想到的事情。

大脑让我们感知周边的世界。当我们擦伤了膝盖或者看到一朵花时，膝盖或眼睛并不知道发生了什么，信息必须传递到大脑那里，通过大脑的运转，我们才能够感觉到膝盖的疼痛或者看到眼前的鲜花。

有了大脑，我们能做一件动物们望尘莫及的事情——思考自己。我们能用自己的大脑来琢磨自己的大脑，这听起来很古怪，却绝顶的聪明。

看大脑如何耍弄我们自己格外有意思。在日常生活中，大脑就像是在进行魔术表演，会让你觉得不可能的事情真的发生了似的：即使安稳地坐着看电影，我们也可以被吓得够呛；本来什么都没有，却偏觉得看到了鬼；一个再平常不过的人，有时却令人惴惴不安。当遇到这些事情时，我们不禁会想“我真傻，没人像我这样”，或者“人人都比我强”，但此等想法根本不对——一切不过是大脑在耍弄我们。

再碰到类似的事情，我们可以想象着敲敲自己的脑壳儿，告诉大脑“要冷静”。要知道，大脑时刻想要帮助并保护我们，但它有时会反应过度，尤其对那些不好的事情。如果类似的事情不断发生，有两个好办法可用：一是谈论所遇到的问题（这可以让你的大脑很好地平静下来）；二是找到你擅长的爱好（画画、音乐、数学、魔术、体育，什么都行），这样你就可以同大脑一起乐在其中了。

德润·布朗（Derren Brown，1971—），英国魔术师、催眠师、画家及作家。他的表演将魔术与心理学相结合，似乎有预测和控制人们头脑的能力。从2000年起，德润出演了多部电视系列节目，著名的有《心灵控制》（*Mind Control*）、《捣蛋还是款待》（*Trick or Treat*）等。同时，他还出版了多部书籍。

20. 什么是全球变暖？

玛吉·阿德林-波科克

如今，我们的耳朵里灌满了有关全球变暖或气候变化的议论。作为一个太空学家，我制造了许多机器来帮助人类了解所发生的变化。的确，如果回望过去就会发现，地球的气候一直在从冰河纪向着干旱与炎热变化着，既然如此，我们现在何必如此忧虑呢？

问题在于我们正在经历的气候改变发生得太快了，超过了以往所有的变化。而且，造成气候改变的并不是火山喷发或太阳活动等自然因素，气候之所以如此快地改变是人类活动的结果。随着科技的进步，我们需要更多的能源来运行各种各样的机器，比如汽车、飞机、电脑，等等。人们开始使用机器的年龄越来越小，我两岁的女儿就在用我的 iPad 看电影了。

为了获得更多的动力，人们消耗了更多的化石燃料，比如汽车所使用的汽油，或者发电用的煤炭和天然气。人们获得了所需的动力，但也产生了像二氧化碳这样的温室气体。这些气体散进大气层，滞留来自太阳的热量，改变了气候，总体上抬升了地球的温度。光是升温听起来也许并不那么糟糕，但温度上升会导致洪水泛滥、土地干旱，并引起全球性的灾荒。

我们个人能为此做点儿什么吗？尽管这是一个影响全人类的大

问题，但个人还是有一些可为之处的。

节约能源：气候的改变是由于使用了太多的能源，因而任何减少能源消耗的努力都有意义。比如：随手关灯，少用空调，使用节能灯泡，等等。

尽可能地重复利用：制造纸盒、玻璃和塑料物品都要消耗大量能源。通过重复利用，可以节省用于制造这些物品的能源。

食用本地出产的食品：如果食品从海外进口，就会耗费额外的能量来运输它们。吃本地产的食品可以节约运输能源。我发现这其实挺难的，我喜欢香蕉，但英国并不产香蕉，所以我一直在努力少吃香蕉。

告诉他人：这是一个世界性的问题，参与的人越多越好。我们一起可以让改变发生。

玛吉·阿德林－波科克（Maggie Aderin-Pocock，1968—），英国太空科学家，伦敦帝国学院机械工程学博士，目前在伦敦大学从事研究工作。玛吉从小就想成为一个太空科学家，尽管有老师的劝阻，她还是通过努力实现了自己的梦想。玛吉帮助设计了詹姆斯·韦伯太空望远镜，这个望远镜将计划取代著名的哈勃望远镜。

21. 为什么会打嗝？

哈里·希尔

打嗝基本上是一块肌肉的抽搐造成的，那块肌肉在胸以下、腹之上。它很薄，看起来像蹦床一样，位于肺的底部。它抽搐时会让你倒抽一小口气，从而发出打嗝的声音。这块肌肉被称为“膈肌”。

当吃东西过快，或喝了冷饮、汽水后，多数人都会打嗝。这是因为吃下的食物会冲击肠胃，造成膈肌剧烈地颤动（就像身体受了撞击会晃动一样），使得空气被快速地吸进肺里。气流急速冲过位于喉部的声带时，使声带发出了打嗝的声音。

随后膈肌还要抽搐一阵子，时间的长短不一定，所幸多数会在几分钟内平静下来。不过有个很出名的病例，一个倒霉的美国人不断打嗝 68 年！

关于打嗝的原因，多数大夫都会告诉你以上所讲的内容。可是，我更喜欢另外一种说法：

当人们吃东西时，食物被分解后就死在胃里。食物的鬼魂跑了出来，却被困在胃里逃脱不得。它于是开始哀号，抱怨自己的命运。有时，你能真切地听到肚子里的哀号声。

为了活着，鬼魂必须吃东西。它确实吃东西！（胃里的鬼魂其实出了名的贪婪。）你每次吃馅儿饼或薯片时，它便也跟着饱餐一顿。被吃的那些食物也死了，释放出更多的鬼魂，更多的鬼魂再吃食物……如此周而复始，胃里塞满了怒气冲冲的鬼魂，都想改变自己的处境。

很快，这群乌合之众认识到：只有团结起来，才能更有力量。于是它们选了个头儿，成立了鬼魂军团，一下成为肚子里的“超级鬼魂”。等这个超级鬼魂成熟了，会产下一群群小鬼魂，这时我们便开始打嗝了。最后，这个超级鬼魂爆炸了，整个过程又会重新开始。

以上的故事是我听来的，你觉得两种解释哪个更靠谱？

哈里·希尔（Harry Hill，1964—），英国喜剧演员、作家、电视主持人。曾在伦敦大学学习神经外科学，随后在唐克斯特皇家医院（Doncaster Royal Infirmary）工作。哈里不久便放弃了医生工作转向喜剧表演，他的演艺生涯极其成功，获得了包括毕雷奖(Perrier Award）在内的多项表演奖。

22. 为什么太空如此星光闪烁？

马丁·里斯爵士

从人类还住山洞时起，就开始仰望幽暗的夜空。天上那些闪烁的光点引得人们浮想联翩，他们称其为星星。

我们的祖先认为天空就像一顶巨大的穹窿，星星便连接在上面，如同一棵巨大圣诞树上的灯泡。人们如今已见识了宇宙的广袤无垠，它的广大远远超出了我们先辈的想象。恒星不过是另一些太阳，像太阳一样明亮而硕大，只是离我们过于遥远，看起来才那么渺小和昏暗。即使前往最近的恒星，最快的火箭也要花几十万年的时间。

几个世纪前天文学家便知道：地球和其他主要的行星（水星、金星、火星、木星、土星、天王星、海王星）都围绕着太阳运行。你可能会想：别的恒星是否也像太阳这般被很多的行星环绕呢？直到 1990 年，都没有人知道答案。不过天文学家如今发现：夜空里的大多数恒星都有自己的行星。这些行星中，有像木星一般的“巨人”，也有同地球这般的身材。

这些行星很难发现，尤其是那些不比地球大的。与所环绕的恒星的光芒相比，它们的要暗淡到难以计数，寻找起来如同在探照灯光柱里辨别萤火虫的亮光。但是，随着望远镜成像水平的提高，天文学家们终将能观察行星。

你一定多少了解些太阳系的行星，可能至少见过金星和木星。不过，夜空要远比这些有趣得多。每一颗恒星都能引出许许多多的问题：它有多少颗行星？这些行星有多大？它们的一年有多长？诸如此类的问题不胜枚举。

这便带出了一个最有意思的问题：这些行星上是否会有生命？如果有的话，那会是什么呢？是甲虫？是飞虫？还是天外的智能生命？它们中是否有地球般的行星，住着如我们一般的人类，膜拜着他们自己的“太阳”？或者与我们完全不同？那里的生物也许有7只触手？也许在那里，电脑和机器人已取代了它们主人的地位？也许，本书的某位读者会帮助地球人发现：在宇宙中我们是否孤单无伴？在群星中是否还有生命存在？

有一件事可以肯定：你将来所学到的宇宙知识，要比天文学家现在知道的多得多。

马丁·里斯（Martin Rees，1942—），英国宇宙学家与天体物理学家，英国皇家天文学家，剑桥大学三一学院院长，曾担任过英国皇家学会主席。他还是一位深受尊敬的科普作家，写了多部书籍向公众普及天文学知识。1992年，里斯被册封为爵士。

23. 为什么动物不能像人一样讲话？

诺姆·乔姆斯基

每种动物都能与同类交流，猿猴同猿猴，蜜蜂与蜜蜂，等等。那些交流并非真的交谈，可能是啼叫，可能是扇动翅膀，或者其他动物能做的事情。动物不会用我们的方式交谈，反过来，我们通常也不使用它们的方式。（当然，有些人擅长模仿鸟叫，骗得鸟儿误以为是遇到了同伴。）

蜜蜂可以告诉同伴一朵花离得有多远，在哪个方向，甚至是什么花。它们的交流是靠一套极为复杂的舞蹈，没有人能模仿这种舞蹈，并且对人类而言，很难把类似的信息讲得像蜜蜂一样准确。当强敌临近时，猴子会发出特别的叫声；在饥饿或有什么事想告诉同伴时，它们也有相应的叫声。同样，别的动物也有类似的本领。

人类的语言在很多方面都极为独特，动物界里没有相似的情况。动物能够告诉同伴的东西是有限的，它们不能超出那个范围而另辟新意。人类却可以不断地创新，谈论前人闻所未闻、从未提及的新事物。其实你一直都在这么做，只是你毫不留意。

人类同动物可以彼此进行一点点的交谈。如果你养了条狗，可以训练它在你说“坐下”时坐下来；如果继续尝试，它还会照做更多的事情。同样，要是想让你帮忙，一只猫能学会对你说“喵呜”。

但它们并不能真懂你的话，更不会像小孩那样领会任何新的东西。

有些鸟非常擅长模仿其他鸟的叫声，甚至可以模仿人类的话语。受过训练的鹦鹉能够惟妙惟肖地学人说话，但那只是对声音的模仿，并不能像人那样使用语言。同别的动物一样，鹦鹉也说不出任何新东西。

有的科学家相信能教会猿猴一点儿人类的语言，而另一些科学家（包括我在内）则认为那是在自欺欺人，因为猿类的行事方式与人类完全不同。这是个有意思的话题，你也许愿意阅读并了解更多的相关知识，也许长大后你能发现一些新的线索。关于人类的语言，关于动物，我们知道的还不多。

诺姆·乔姆斯基（Noam Chomsky，1928—），美国语言学家、哲学家。麻省理工学院教授，在该校任教达50年之久。他是当今世界上知名度最高的学者之一。

24. 小说家在创造角色时如何获得灵感？

戴姆·杰奎琳·威尔逊

我出过上百本书，一共写过多少个角色呢？一定有好几千个吧。想象一下，要是她们都活过来，挤进我家开派对会是番怎样的景象！我料定特雷西·比克尔[①]会站在最前排，用胳膊肘将别人挡开，这样她便可以第一个进门啦；赫蒂·费瑟[②]来时恐怕还穿着那套毫不起眼的棕色制服，我真希望给她搞一身漂亮的晚礼服；海豚[③]、石榴石[④]、美人[⑤]等害羞的女孩会怯生生地落在后面；饼干[⑥]

① 特雷西·比克尔（Tracy Beaker），为一系列作品的主角。她是一个十岁女孩，被母亲遗弃后住在儿童福利院里。她不喜欢那里的生活，急于找到收养她的人家。

② 赫蒂·费瑟（Hetty Feather），《赫蒂·费瑟》等系列小说中的主角，一个一出生就被母亲遗弃的小女孩。她先是被一户人家领养，后被送回了儿童福利院。

③ 海豚（Dolphin），小说《浑身是画的妈妈》（*The Illustrated Mum*）中的一个小女孩，她有一个患抑郁症的妈妈，还有一个叫星星的姐姐。她妈妈浑身刺满了刺青。

④ 石榴石（Garnet），《双胞胎行动》（*Double Act*）中的小女孩，她有一个双胞胎姐姐"红宝石（Ruby）"。她姐姐能说会道，而 Garnet 很害羞，她愿意听从姐姐的吩咐。

⑤ 美人（Beauty），《曲奇饼》（*Cookie*）中的小女孩，她相貌平常，她爸爸给她取个这样的名字是为了让她自信一些，但同学们给她取了个外号"丑八怪（Ugly）。"

⑥ 饼干（Biscuits），小说《活埋》（*Buried Alive*）中的小男孩，他同好朋友 Tim 一起去威尔士度假，无意间开始了一番冒险。

与查利[1]也许会带来自制的美味蛋糕；艾尔莎[2]在没完没了地讲笑话，而德斯蒂尼[3]则为大家一展歌喉。

我能“看到”她们所有人。不过，她们当然不是真人，是我创造了她们。我很少根据真人来创作角色，当然也不会依照自己。这些角色全出于我的想象。

在你很小的时候，是否有过一个想象中的朋友？你是否假装你的娃娃和玩具熊是活的，为它们准备茶点，安排它们上床睡觉？为故事创作角色与此一模一样。当我想写一个发生在儿童福利院的故事——一个住在那儿的小姑娘急于被人领养。粗鲁又可笑的特雷西马上浮现了出来，她对我说：“我就是那个女孩，写我吧。”

你也可以创造自己的角色。来想象一个离家出走的小女孩，她为什么离家呢？她是不是特别不开心？或者她只是太淘气，想要去冒险？她聪明吗？能应付一切吗？会惊慌失措吗？她个子是大？是小？她长得漂亮还是普通？她是吵吵闹闹还是安静得像只小白鼠？你打算叫她什么名字？何不为这个女孩写个故事？

戴姆·杰奎琳·威尔逊（Dame Jacqueline Wilson，1945—），英国著名的儿童文学作家。已出版100多部作品，其作品仅在英国的销量便超过了3000万本。她所塑造的人物特雷西·比克尔在英美家喻户晓。

---

① 查利（Charlie），小说《洛蒂计划》（*The Lottie Project*）中的小女孩，她突发奇想要写一个名叫“洛蒂”的19世纪女仆的故事。这时，她妈妈突然失去了经理职位，做起了清洁工，她们原来舒适的生活受到了威胁。

② 艾尔莎（Elsa），小说《床与早餐星》（*The Bed And Breakfast Star*）中的女孩，她立志当一个喜剧演员。

③ 德斯蒂尼（Destiny），小说《小甜心儿》（*Little Darlings*）中的女孩，她与患病的母亲住在一所破败的房子里，她妈妈坚持说德斯蒂尼是摇滚明星的女儿。

25. 汽车是如何工作的？

大卫·鲁尼

汽车的行驶是发动机转动车轮的结果，当车轮转动时，橡胶轮胎紧抓地面使汽车移动。但是，如何让车轮转动呢？

首先得去加油站，给汽车加些汽油或柴油，这就像给汽车吃东西一样。油来自一个龙头，我们把它伸进车身侧面的一个洞口里，这个洞口连着汽车的油箱。你可能看到过汽车加油，味道不是很好闻。

加完油便可以启动汽车了，燃油便被吸进了汽车的发动机。发动机装在汽车的前部，是个复杂又吵闹的东西。它一次燃烧一点点燃油，制造一个小小的爆炸，使得发动机里的传动轴转动。（传动轴长得像支铅笔，不过它可是金属做的，又大又粗，没法用来写作业。）

驱动汽车的方法是将飞快转动的传动轴同车下的车轮连接起来，这样汽车便能挪动了。这个过程挺复杂的，因为发动机总喜欢飞转，而我们则希望车不仅能够飞奔而且还能慢行。因而在发动机和车轮之间还需要另一个装置——离合器，来解决这个难题。

好了，汽车开动了，但这还仅仅是个开始。要开着车去想去的地方，汽车还必须能够向左向右转弯。于是要用到方向盘，扭动它便可以使前轮指向左边或右边，整个车子就跟着转向了。

现在，汽车行驶得很顺利，但我们还需要减速或停车，管这事儿的是刹车装置。你也许会骑自行车，骑车时要想让车慢下来就需要捏闸，闸要么收紧轮毂上的橡胶要么抱紧车轴上的金属片以减慢轮子的转动，汽车的刹车装置与自行车的闸很相似。

不过，下次你乘坐汽车时，注意一下司机所用的各种各样的开关、拉杆儿、手柄和按钮，它们并不全都与汽车的行驶、转向或停止有关。汽车上还装有许多其他的设备，从加热装置到空调，从车灯到车锁，从音响系统到雨刷装置，等等。

如此复杂的汽车竟能开起来，真是个奇迹。

大卫·鲁尼（David Rooney），在伦敦科学博物馆工作，他的任务是照顾大量的交通工具，其中包括飞机、汽车、自行车、卡车、公共汽车，以及大量的模型。

26. 为什么自己胳肢自己不管用？

大卫·伊格尔曼

你不感到奇怪吗：无论你自己怎么胳肢自己，即使搔自己的脚心或是胳肢窝都不能使你发笑？

要了解其中的原因，先要多了解些大脑如何运转的知识。大脑的一项主要任务是猜测接下来要发生什么事情。当你在忙于日常活动时，比如下楼梯或吃早餐时，大脑的某些部分总在不停地进行预测。

还记得第一次学骑自行车的样子吗？起先，你要集中精力稳住车把并使劲蹬脚蹬子，但过了一阵子，骑车变得轻松了，你不再注意自己骑车的动作了。通过经验，大脑对你骑车的动作了如指掌，能预测出你所有的动作，这样，身体便能自动骑行了。

只有在遇到情况变化时（比如：刮起一阵强风，或者你的车胎瘪了什么的），大脑才会想起骑车这件事来。当发生这些意外事情的时候，大脑便被迫改变原先的预测。如果它干得漂亮，你的身体就会对强风做出调整：向前倾斜、保持平衡。

为什么预测下一步的情况对我们的大脑如此重要呢？因为这能帮助人们少犯错误，甚至能挽救性命。

例如：消防队长一看到火灾，就要立刻做出决定，将消防队员布置到最有利的位置上。他以往的经验能帮他预见到接下来发生的事情，从而选择最好的方案去扑灭大火。他的大脑会迅速预测出不同的方案所产生的效果，排除那些危险而糟糕的方案，不让队员去冒生命危险。

说了这么多，到底跟挠痒痒有什么关系呢？

由于大脑总是在预测自己身体的行为与感受，使你无法胳肢自己；而外人胳肢你时往往出其不意，使你无法预测他的动作，因而会令你笑个不停。

这一现象还可以导出一个有趣的事实：如果你造一台机器，通过它你可以摆动一根羽毛，不过羽毛的摆动会因机器延迟一秒，这样你便能胳肢自己了。因为你行动的结果令大脑感到意外了。

大卫·伊格尔曼（Dowid Eagleman，1971—），美国神经科学家、作家。现任教于贝罗尔医学院（Baylor Colleye of medicine），从事时间与感觉方面的研究。他是《纽约时报》的畅销书作家，他的作品《伪装——大脑的秘密生活》（*Incognito：The Secret lives of The Brain*）被亚马逊提名为2011年最佳作品。

27. 第一个养宠物的人是谁？

西莉亚·赫顿

没人知道谁是第一个养宠物的人，但我们知道狗很可能是最早的宠物。狗同人类一起生活了几千年，甚至有人认为有 4 万年之久。早期的狗可能像流浪狗那样四处游荡，在人类捕猎和采食时出没在人类周围。很可能它们中的一些被训练成了宠物，成为人们狩猎的助手。

在最早的宠物狗中，我们了解其中的一只。那是一只小狗，埋在以色列境内的一个人类墓穴里，距今有 1 万年到 1.2 万年。墓穴里埋着一位妇女，她把手放在小狗身上，仿佛正在抚摸它。也许，她想让小狗在天堂里或来世继续陪伴她。

古埃及人也养宠物狗。在他们的坟墓里能看到狗的画像，时常还有狗的名字。狗往往被叫作乌木、黑子和大个子等。罗马人也养狗，他们给这些小宠物起的名字往往是珍珠、美人儿、侏儒、攥紧等。

到了新石器时代，人类开始了农耕，猫很可能成了人类的邻居。在塞浦路斯岛上发现了一个小小的猫冢，距今约 9000 年，里面埋的猫很可能是最早的宠物猫。距猫冢 40 厘米远的地方有一个人的坟墓，所埋的人很可能是猫的主人。

古埃及人已开始养猫。在最早的爱猫者当中，我们知道其中一个人的名字，他叫贝克特三世(Baket III)，生活在大约4000年前。在他的坟墓上有一幅雕刻：一只猫面对着一只老鼠。这幅雕刻看起来，不是猫特别小，就是老鼠特别大，反正猫和鼠看起来一般大小。

古代希腊人、罗马人也制作了有关猫的雕刻、绘画和装饰贴画。可惜，像大多数古埃及人的雕刻一样，他们也没留下猫的名字，因此，我们不知道它们叫什么。

古代的埃及人养宠物狗，也养猫。最早的爱猫者中，有一个人名叫贝克特三世，他是埃及的一个法老，他的坟墓上有一副猫和老鼠面对面的图案，有意思的是，其中的猫和老鼠一边大。

西莉亚·赫顿（Celia Haddon，1944—），英国记者、作家。她写了一系列有关猫的畅销书，其中最知名的是《猫训练主人的一百种方法》(*One Hundred Ways For A Cat To Train Its Human*)。她还是《每日电讯报》宠物专栏的撰稿人。

28. 为什么行星是圆的？

克里斯托弗·赖利

从1519年起人们就知道地球是圆的，当时，葡萄牙探险家费迪南德·麦哲伦（Ferdinand Magellan）环绕地球航行了一周，没有半途摔出地球去。后来，人类可以从太空中看地球，先是通过卫星，然后是人类亲眼所见。

1961年，尤里·加加林成为第一个环球飞行的人，飞一圈仅仅用时108分钟。随后的20年里，有24位宇航员登上了月球，得以亲眼从25万英里（约40万公里）外凝视他们圆圆的蓝色家园。地球、月球，以及太空探测器所造访的每颗行星都是圆的，或者讲是球形的。

要理解行星为什么是圆的，就需要回溯过去，回到地球或太阳形成以前。我们发现自己飘荡在太空里，下面是一团硕大的、气体与尘埃形成的云团。云团确实很大，太大了，根本望不到边缘。组成它的主要是氢气和氦气，还掺杂了一些其他元素和化学物质。

时间飞快地流逝，突然，我们看到一道冲击波刺破云团。冲击波来自临近的一颗恒星，它已到达了生命的终点，刚刚发生了爆炸。冲击波在云团中穿行，尘埃和气体受到挤压，翻腾汹涌，形成一个个巨大的旋转气团。

这些旋转气团的密度比周围稍大一些，凭借万有引力的作用，它们开始吸引更多的物质过来。它们长得越大，引力也就越强。这些气团的体积迅速增大，有些彼此发生了碰撞相互连到了一起，形成了更大的旋转气团。不断增长的引力在各个方向的大小是一致的，共同指向中心，确保了新生的行星很快成为球体。

住在地球这个行星上，你会注意到它并非是完美的球体。山脉和峡谷使得地球的表面凹凸不平。但你还会注意到：所有的山脉都不会高高耸入太空。地心引力令所有过高的山脉沉降回地壳下炽热的熔岩中，使地球保持着大体均匀的球形。

的确，地球大体是球形的。用现代方法测量地球的体积，发现它并不是均匀的球体。地球自转产生的离心力把赤道地区向外甩出，使得整个球体稍稍变形。如此一来，地球在赤道处的直径比两极间的直径多出约 40 公里。

克里斯托弗·赖利（Christopher Riley，1967—），英国作家、科技节目主持人与制作人，林肯大学（University Of Lincoln）教授，皇家天文学院院士。2004 年他摄制的纪录片《太空奥德赛》（*Space Odyssey*）获得了“阿瑟克拉克爵士奖（Sir Arthur Clarke Award）”。

29. 一只蜂能蜇另一只蜂吗？

乔治·麦佳文

是的，它可以。世界上大约有两万多种蜂，让我们来看看蜜蜂和大黄蜂的情况吧。尽管有些种类的蜜蜂并没有蜂刺，但多数的雌蜂都是有蜂刺的。蜂刺可以帮助它们守护蜂巢，防止敌人偷吃蜂蜜或幼蜂。雄蜂没有蜂刺，它们在蜂巢里往往无所事事，只有少部分能与蜂王交配。

如果一群外来的工蜂企图闯入蜂巢，就会受到攻击，但蜂王却只对与其竞争的其他蜂王发起攻击，并杀死它们。一个新崛起的蜂王会在蜂巢里搜寻其他尚在发育中的蜂王，一旦发现便会发起攻击，蜇死它们。

大黄蜂也会攻击来自其他蜂巢的工蜂。它们有能力蜇死对手，但通常却只是撕咬对方而将其赶跑。有些闯入者能设法躲到蜂巢的里面，它便有可能被接纳为新的成员。

在蜂巢内部，大黄蜂也会彼此攻击、蜇咬。其原因很复杂，却起到了减少雄蜂数量的作用。为什么要减少雄蜂数量呢？因为工蜂可以产下未经受精的卵，这些卵会孵出雄蜂来，而蜂群真正需要的是雌性工蜂。

为了对付大胡蜂那样的大型入侵者，某些品种的工蜂还有特殊的杀敌绝技。它们环绕来犯之敌，形成球状的一团儿，然后成百上千只蜜蜂一起震动翅膀，这使得蜜蜂团中心的温度与二氧化碳的浓度都会升高，从而杀死大胡峰。

乔治·麦佳文（George McGavin），英国昆虫学家，皇家地质学会会员，前牛津大学自然历史博物馆昆虫馆副馆长。他是国际知名的昆虫学家，有好几种昆虫以他的名字命名，他希望这些昆虫在他去世前不要灭绝。

30. 为什么我们要烹调食物？

赫斯顿·布鲁门萨尔

当然，并非一定得烹调食物。在人们发现火之前，也就是大约150万到200万年前，人们吃浆果、坚果和其他东西时像别的野生动物一样，不需要烹调。他们还大块地吃生鱼和生肉，那多半不怎么美味，嚼起来既格外费力也没什么滋味。

奇怪的是，在火被发现以后很长一段时间里（我说的是至少几千年吧），仍没有人想到可以用火来处理食物，人们点火的主要目的是为了吓跑野兽。一些科学家认为：某天一定是什么人无意将生肉或生鱼掉到了火里，随后开始注意到了香喷喷的气味，然后尝了尝，发现加热后的肉吃起来要美味许多。烹调便诞生了，最终人人都开始照着做，因为它给食物带来三项特别的好处。

首先，烹调使许多生的、硬的食物变软而易于咀嚼。比如土豆，生的时候是硬硬的一大块，烹调之后却变成了松软的土豆泥。

其次，烹调让食物吃起来更安全。食物有时会带有许多致病的微生物，但它们大多数都不耐高温，烹调可以杀死它们，令其无法危害人们的健康。

第三点令我们厨师最为激动：烹调可以改变食物的色香味，让食物美味可口。加热改变了食物的质感，想想羊毛或焦炭在火中变成灰烬的样子，想想蜡烛加热后逐渐融化的样子。加热不仅使食物的口感更佳，还能把食物中的某些成分分解成饱含芳香物质的小微粒，加热还使食物中的各种成分相互作用产生新的香味。烹调能令软塌塌的粉色香肠变成棕亮、多汁的美味；能令毫不起眼的面团成为可爱的面包，再经烘烤便成了香脆的面包片。

我是孩子时就开始了学做饭，至今，烹调对我仍像是一种魔法。看着一切是怎样发生的真是妙不可言，甚至超过了品尝美味。

赫斯顿·布鲁门萨尔（Heston Blumenthal，1966—），英国厨师，“肥鸭餐馆（The Fat Duck）”老板，该餐馆曾被评为英国最佳餐馆。赫斯顿的厨艺完全是自学的，在他发明的食物中有蜗牛粥与鸡蛋火腿冰淇淋。他出版过多部畅销的烹调书籍。

31. 当比赛输了时该怎样保持斗志？

凯利·霍姆斯女爵士

首先，重要的是要知道：每个人都会失利，输掉一场比赛没什么大不了的。在运动生涯里，我也不能赢下所有的比赛。上小学时，我并不是总赢，但我热爱参加比赛，总努力在下次比赛中做得更好。

12 岁那年我首次参加大赛，得了个亚军。我感到失望，下决心要更加出色，因为我想拿冠军。感到失望没什么不好，它会令你真的渴望做得更好。

记住，没赢下比赛并不一定意味着失败，至为重要的是，要给自己设定目标。在比赛或训练前，我会同教练一起坐下来，写下一个目标：或者是我要用多少时间跑完比赛，或者是我将怎样进行比赛。无论多少人超过我都不是问题，只要我完成了同教练预先设定的目标就够了。

如果你能专注于自己的目标，那么每一次你都会得到提高。

同样重要的是，如果你参加一项明知会轻松取胜的比赛，你应该挑战自我，把这次比赛作为一次测试，以便下次遇到激烈的竞争时能够更加出色地发挥。

获胜不是一蹴而就的，你必须非常刻苦地练习，还要记住练习那些你并不喜欢的部分。比如：当我跑步时要做许多非常枯燥的身体训练，但我知道它们能帮助我跑得更快。只有在你没有尽全力训练和比赛时才是真的输了，因为这会让你对自己感到特别失望。

当然，最主要的是不要忘记享受比赛，因为这才是你参与的初衷。

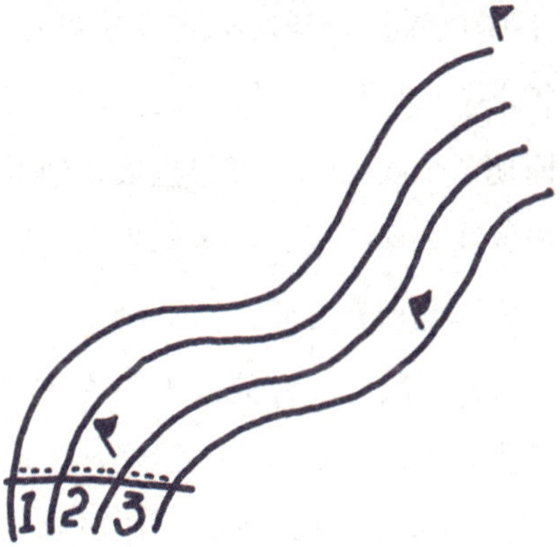

凯利·霍姆斯女爵士（Kelly Holmes，1970—），英国女子中长跑运动员。凯利 12 岁时开始练习跑步，2004 年雅典奥运会获得 800 米与 1500 米两枚金牌。她于 2005 年被女王册封为女爵士。

32. 狮子为什么咆哮？

凯特·亨伯

学校明天要上体育课，你却怎么也找不到运动鞋。你翻箱倒柜：衣橱里、床底下，也许是嫌有味儿把它们放到阳台上了？不，都没有。你把衣橱掏了个底儿掉，书包也底儿朝了天，想到也许被狗叼走了，你还把狗窝也掏空了，但依然不见它们的踪影。你该怎么办呢？你只得向你妈妈求救，喊："妈咪！"

她没听到，你再喊一次，声音更大了一些："妈—咪！"

但她在厨房里洗碗呢，还跟着收音机唱着歌。于是你深吸一口气，然后气沉丹田，声嘶力竭地喊道："妈妈妈——咪咪咪咪！"随即就看到妈妈跑了过来，样子有点儿惊恐，她以为你从楼梯上滚了下来，摔断了双腿。显然，你没那么倒霉，但你的叫喊引起了她的注意，你和她达成了交流。

所有的动物都要彼此交流。灵长类动物，比如猴子、大猩猩等用来沟通的方法与我们相似。它们使用各种各样的声音，也使用面部表情和身体姿态。瓢虫用身体的颜色来吓退捕食者，它们那红黑甲壳就像是警告牌儿，仿佛在说："躲远点儿，我可不好惹。"

海豚"哒哒"和"呱呱"地叫，也用尾巴拍水或跃出水面横拍回水里来表达意思。一只海豚采取横拍的姿势就如同你在社交网站

所有的动物都要彼此交流。咆哮就是狮子交流的方式，它用咆哮威胁别人不要进入它的领地，吓退对手，还以此同狮群里的其他狮子进行联络，有点类似发短信。

上告诉朋友：刚听了一首最喜爱的乐队的新歌，那歌好极了。当然海豚感兴趣的不是乐队而是鱼。那么狮子呢？它们咕噜、哼哼、低吼、嘶鸣、啸叫、喵呜、吐气、喘息，当然，它们还咆哮！

大多数野生的狮子都生活在非洲，通常住在平坦开阔的草原上。它们群居，每个狮群一般有一两只雄狮，四五只雌狮。每个狮群都有一块自己的领地，雄狮特别在意保护自己的领地，防止其他狮子闯入偷猎羚羊（它最钟爱的美食）或拐走母狮子。这些领地往往特别大，咆哮便成为一种防御的手段，借此警告其他的狮子：不要闯入我的地盘。

如果一头雄狮与对手狭路相逢，它会用咆哮来吓退对方。咆哮也用来同狮群里的其他狮子进行联络，有点儿类似发短信，不过够吵的。一头发威的狮子即使在5英里（约8公里）外咆哮，你也能听到。

但狮子不能帮你找到球鞋，只有你妈能帮你。

凯特·亨伯（Kate Humble，1968—），英国电视主持人，在BBC电视台主持野生动物节目及科学节目。她5岁时学会了骑马，从此与动物结下了不解之缘。

33. 为什么会有战争？

亚历克斯·克劳福德

战争之所以爆发是因为人们彼此间没有充分沟通。我曾采访过一些阿富汗的武装人员，他们痛恨西方人。我自己来自西方（包括英国、美国等），也许你也是。美英的士兵在阿富汗同塔利班武装已进行了多年的战争，当塔利班战士遇到我时，他们非常吃惊，因为我不仅是他们遇到的头一个西方人，而且还是一个西方女性。

当我们开始谈论自己的家庭、孩子以及多数西方人如何看待塔利班和战争时，他们对我的整个态度都改变了。我们意识到大家并没有太大的区别，想的往往都是些相同的事情，我们都渴望和平。

绝大多数的战争之所以发生，都是因为领导我们的政府受到了惊吓。这有点像放学后你独自在游乐场玩，伙伴们都走了，另一伙孩子开始向你叫骂，你会怎么做？我猜有时你会想要回骂，而当你们开始打斗时，谁都很难第一个住手并承认自己的过错。国家间所发生的事情也往往与此类似。

亚历克斯·克劳福德（Alex Crawford，1963—），英国记者。曾先后任职BBC与天空新闻（Sky News），先后报道过阿富汗、利比亚、马里的战争。她曾遭到过情报机关的拷问，在电视直播时还遭遇过枪击。2012年她被授予"不列颠帝国官佐勋章（OBE）"。

34. 我们为什么需要上厕所？

亚当·哈特-戴维斯

当我内急时就去上厕所，有时候真是急迫万分呀。

你需要小便，也需要大便，但二者的原因却相当不同。当你的膀胱满了时就需要小便，膀胱像个松软的皮袋子，位于肚子的下端，尿液流进膀胱，把它装满，就像你吹空气把气球充满一样。

当膀胱快全满时，它会向大脑发出一个警示信号，膀胱底部一条叫作“括约肌”的弹性环状肌肉将出口扎紧，这很像是缠住气球口的橡皮筋。上厕所时可以让括约肌放松，于是肌肉环松开，尿液便流了出来。

为了增强身体的肌肉和修复肌肉的损伤，你需要每天吃含有蛋白质的食物。蛋白质往往来自蛋类、牛奶、鱼、肉或豆类食品。你的身体将食物中的蛋白质降解，并用作原料构建自己的蛋白质，这个过程很像是搭建乐高积木。所有的蛋白质都含有“氮”这种元素，你的肌肉需要它。

为了保证供给，你得吃大量的蛋白质，问题是多余的氮会有一点点的毒性，所以必须将其排泄掉。为此，你的身体将含氮物送到肝脏，将它们转化为尿素。只要你喝充足的水，尿素就会从血液里被冲洗进肾脏，肾脏滤出那些可重复使用的物质，而将尿素溶解在水中形成尿液。

鸟类无法大量喝水，否则将会重得飞不起来。它们排泄氮的方法是制造尿酸而不是尿素，尿酸是一种白色的固体，所以鸟类并不尿尿，而是拉带点儿白色的屉屉。

有两个主要的原因使你需要大便，其一是你得排泄掉不能被消化的纤维素（纤维素可以令植物结实）。大家总是讲要多吃纤维素，食物的包装上也标明了其纤维素的含量。大多数食物都在小肠中被消化，那是一条松软的管子，有你拇指那么宽，五六米长。小肠挤压食物一路前行，如果食物中有一些固态的纤维素让小肠借力，推进的过程就会变得容易很多。所以，尽管你消化不了植物纤维，可纤维素却能帮你消化别的食物。

需要大便的另一个原因是要排泄血细胞的残骸。血细胞将氧气从肺部带往全身，使你的大脑和肌肉能够运转。负责携带氧气的是一种叫作“血红蛋白”的化学物质，当血红蛋白超过了使用寿命，血液就将它带到肝脏去降解，一部分被收集起来重新利用，剩下的成了粪便。血红蛋白被降解后产生了一种叫“胆红素（Bilirubin）”的棕色的化学物质，正是它使得大便呈现棕色。

以上便是你得上厕所的原因。

亚当·哈特－戴维斯（Adam Hart-Davis，1943—），英国作家、电视主持人及制作人。他拥有有机化学博士学位，常年在牛津出版社工作。他在BBC主持的系列节目《本地英雄》（*Local Heroes*）广受关注。

35. 我们为什么要使用钱？

罗伯特·佩斯顿

想象一下没有钱的世界会是什么样子，一切将变得非常的复杂。比如你想买个比萨饼，你会到比萨饼店订上一个，不过，可要记住没有金钱存在呀。你怎么说服店主把比萨送给你呢？好吧，像你一样，比萨店主也需要一些东西，你得用自己的东西与她交换美味的比萨饼。如果你没有店主感兴趣的东西呢？比萨就得不到了。这太令人失望了，不是吗？

现在，请从比萨店主的立场想象一下。为了制作比萨，她需要面粉、西红柿和奶酪什么的。但由于世上没有钱，她如何说服农民给她这些东西呢？可以用比萨来交换，但无论比萨多么美味，农民也要不了那么多。

这就是发明钱的原因。是的，钱是发明出来的，不是从天上掉下来的，也不能从花园里长出来。几千年前，人类仅仅规定了一些金属拥有一定的价值，于是，这些金属便可以交换所有他们想要的东西了。如今的钱有纸的、塑料的，甚至是电子的，但钱的重要性在于它有一个人人都认可的价值，这样就可以用来交换所需的东西了。

比萨店主很乐意用比萨饼换取你手里的钱，因为她知道用这钱能跟农夫换取原料；而农夫也懂得钱可以换来自己所需的东西（比如种子和肥料）。

尽管那位天才发明家的名字不为人知，但在人类最神奇的发明物中，钱是其中之一。

罗伯特·佩斯顿（Robert Peston，1960—），英国记者，BBC 财经新闻编辑。21 世纪初经济危机后，他写的一些调查采访为他赢得了广泛的声誉。他是多部财经书籍的作者，在书中他向读者解释了"国家是如何赚钱的""为什么有的人富而有的人穷"等问题。

36. 谁是第一个写书的人？

马丁·莱昂斯

这是个谜，由于年代太久远了，没有人能够知道。但我们可以谈谈最早期的书籍。

早期的书不是写在纸上的。中国古代的书是写在竹简上的。这些竹简是竹子做成的，用绳子绑扎在一起，然后在上面书写。写字的方式不是一行行横着写的，而是从上到下竖着写。

第一个造纸的人是蔡伦，是一个长袍束发的中国人。蔡伦造纸的材料是破布和旧衣服，因此，如果你扔掉了T恤衫，蔡伦捡到后也许会把它变成个笔记本呢。哈哈，开个玩笑，别真的把T恤扔掉了，放到洗衣机里就好了。

中国人认为孔夫子老人家特别有智慧，想记录下他说的每一句话以便后人牢记。所有孔子的话都被镌刻在50块巨石上，每块巨石有一人高，可称得上是最重的书了，要200

人才扛得动。制作这本书花了 8 年的时间。

最早的大型图书馆建在埃及，馆里的藏书不是一页一页的，文字是写在纸卷上的，被称为卷轴。想象一下：整个图书馆像是堆满了巨大的卫生纸卷。一天，图书馆着火了，所有的书都被付之一炬。多可怕呀！请不要让你心爱的书遭遇如此惨祸。

马丁·莱昂斯（Martyn Lyons），澳大利亚历史学家，新南威尔士大学（澳大利亚）历史教授。他是研究法国大革命及拿破仑时期的专家。

37. 大象为什么要有根长鼻子？

迈克尔拉·斯特罗恩

大象要是长个汽车杂物盒会看起来很傻！好了，说正经的。大象长根长鼻子的原因很多，它的鼻子拥有令人不可思议的能力。大象可以用鼻子吃东西、喝水、淋浴、拥抱、抚摸、闻味道、游泳、拔树、捡东西以及打斗，等等。

所有动物的鼻子都没有象鼻那般出色而有用。象鼻既是大象的鼻子也是它的上嘴唇，它强壮有力、辗转灵活、结构精巧。你可以想象一下，我们的胳膊如能同象鼻一样能干会怎样，我们的胳膊能用来抚摸、捡东西和拥抱，却不能用来闻味、淋浴或喷水什么的。

象鼻子确实很强壮，足以拉倒一棵树！它又灵活得不可思议，能捡起铅笔或花生。它的确很长，能够伸到长在顶端的树叶，也能探入水下往嘴里汲水，还能用作喷头给自己冲凉，或者往身上扬洒泥土以防蚊虫的叮咬。

你看过大象游泳吗？要是水太深了，大象会用鼻子作通气管，是不是很酷？真希望我的胳膊能有这本事！大象是巨大的动物，长着长腿和硕大的脑袋，自然要有根长鼻子。象鼻上的肌肉和筋腱多达 4 万条，还有一个超级敏感的鼻尖，它对于大象摄取食物至关重要。

小象要花一整年的时间才能学会如何使用好鼻子，看小象学习协调所有鼻子上的肌肉是非常有趣的。我还看过大象用鼻子画画呢！样子看起来很笨拙，结果却画出了一幅妙趣横生的作品。（怎么会这样！）

大象长根长鼻子的原因很多，它的鼻子拥有令人不可思议的能力。大象可以用鼻子吃东西、喝水、淋浴、拥抱、抚摸、闻味道、游泳、拔树、捡东西，以及打斗等等。

迈克尔拉·斯特罗恩（Michaela Strachan，1966—），英国电视节目主持人，主持儿童节目及野生动物节目长达 25 年之久。

38. 为什么有些人很刻薄？

奥利弗·詹姆斯

要是你父母无缘无故对你发一顿脾气，你会有何感受？是不是特别、特别生气，还有点儿伤心？

于是，过后你没准会找个小孩，故意做点儿让他生气的事。那孩子也许是你的弟弟或妹妹，你知道，要是藏起他心爱的玩具或嘲笑他在数学上多么低能就会让他抓狂；或者那个孩子是你的同学，你知道如何让他火冒三丈，比如：讨厌吃鱼的就偏跟他说午餐吃鱼，或是直接向他挑衅。

人们刻薄的原因往往在此。某甲做了什么事令某乙愤怒或伤心，为了摆脱掉这种情绪，某乙试图让你生气或伤心。如同是把你当“垃圾桶”，一旦有了垃圾情绪，他要把这垃圾情绪倒给你。这样做过之后，就会感到轻松，他会想：“谢天谢地，我终于摆脱那些垃圾了。”

但是这一招其实并不管用。过了一会儿，那些垃圾情绪会以一种滑稽的方式重新出现，就如同把一块木头使劲往池塘里扔，它还会浮回水面一般。他可能会为自己刚才的刻薄行为感到沮丧，也许会做噩梦，也许会心烦意乱什么的，或者会觉得很伤心而大哭一场。

也可能他并不觉得对人刻薄有什么大不了的，他刻薄地对待许多的人，因而没有人喜欢他。这使他更加恼火和伤心，使他变本加厉地把垃圾情绪向他人倾倒。如此恶性循环，最终他会感觉自己仿佛待在垃圾堆里一般。

下一次有人刻薄待你时，要这样问自己：“他为何如此不开心呢？是什么使他如此伤心或生气而要刻薄待我呢？”

奇怪的是，如果照计而行，你的感觉就没那么糟了。

奥利弗·詹姆斯（Oliver James，1953—），英国心理学家、记者、畅销书作者。他主持了多项电视系列节目和电视访谈，出版了多部畅销书，其中《富贵症》（*Affluenza*）引起了广泛的关注。

39. 树木是怎样产生我们呼吸的空气的？

大卫·贝拉米

在这个美丽的星球上，所有动植物的健康成长都离不开三种看不见的神秘气体，它们是：二氧化碳、水蒸气和氧气。这些气体是构造所有生物的主要材料，没有它们地球上将没有生命。

你每一次吸气，肺里就会填满含有氧气的新鲜空气。你身体的运转需要大量的氧气，所以氧气会很快用光，变成二氧化碳；当你呼气时，这些二氧化碳便涌到了外面。

包括树木在内的所有植物都从空气里收集二氧化碳和水蒸气，再利用来自阳光的能量，将这些气体转化成糖类和其他简单食物，好让自己生长。在这样做的时候，植物会向空气中释放氧气。

这个过程叫作“光合作用”，一切生物所需的糖类和氧气都是这样产生的。

人类同植物的呼吸方式不同，我们用鼻子和嘴来获取氧气。口和鼻都连接着肺，肺像泵一样令气体吸进和排出。植物没有肺，但它们有许多呼吸孔，遍布在茎部和叶片上，通过它们，空气得以出入。呼吸孔被毛细管连接着，这些毛细管是植物秘密的转运系统，可以把水分从最深的根部运送给最顶端的叶子。

所有的植物都尽力让毛细管里充满水分。当叶子太热或土壤太

人类同植物的呼吸方式不同，我们用鼻子和嘴来获取氧气。口和鼻都连接着肺，肺像泵一样令气体吸进和排出。植物没有肺，但它们有许多呼吸孔，遍布在茎部和叶片上，空气得以从中出入。

干燥时，它们便关闭呼吸孔以免水分丧失；当呼吸孔张开时，水分不断从孔中蒸发出去，同时，二氧化碳则从中进入植物体内。

我在花园里干活时喜欢唱歌，为了我所呼出的二氧化碳，所有的植物都会感谢我的。虽然听不到植物们的道谢声，但我知道二氧化碳正在帮它们更快地成长，使它们花繁叶茂、硕果累累。

阳光与看不见的气体可以孕育生命，这听起来就像神话故事一般，但这奇迹就在全世界上演着，时刻发生在我们的身边。我很高兴这一切的发生，如果它真的停止了，我就不能在这里解答你这个超级棒的问题啦。

大卫·贝拉米（David Bellamy，1933—），英国植物学家、作家、环保活动家，德拉姆（Durham）大学教授。他主持的自然节目曾是英国最受欢迎的电视节目之一，他还出版了34本书籍，并积极从事环保活动。

40. 在维多利亚时代，儿童为什么要从事繁重的工作？

克雷尔·托马林

在维多利亚时代[①]的英格兰，大人们自然要从事许多工作——铁路工程师、科学家、教师、作家、医生或护士，等等。而孩子们也一点儿不轻松，得干许多危险的活儿：一些儿童被送到井下采煤，另一些小男孩不得不去擦烟囱。虽然议会制订了几项法律试图加以制止，但这些法律多年都无人理会，孩子们继续被逼着爬上烟囱。直到 1875 年，一个男孩被卡在烟囱里死去，才终结了这一残忍行为。另外，在工厂和磨坊里，儿童也长时间从事繁重的劳动。

富家子弟会去上学，而贫家子弟却鲜有读书的机会。许多孩子出生在专为穷人搭建的救济所里，查尔斯·狄更斯是维多利亚时代伟大的小说家，他在小说《雾都孤儿》中描绘了孩子们在济贫院里受到了怎样的虐待。他们从一出生就处在半饥饿状态（想多要些食

---

① 维多利亚时代（Victorian Times），指1837—1901 年，英国维多利亚女王在位期间，被认为是大英帝国的全盛时期。

在维多利亚时代 的英格兰，大人们自然要从事许多工作——当铁路工程师、当科学家、当教师、作家、医生或护士等等。而孩子们也一点不轻松，得干许多危险的活儿：一些儿童被送到井下采煤，另一些小男孩不得不去擦烟囱。狄更斯的《雾都孤儿》写了好些这样的事。

物就会受到惩罚)，等长到八九岁，就被派出去做仆人或当学徒。奥利弗(小说主人公)乞求不去学擦烟囱，后来，他被一伙匪徒绑架了，被逼着去做小偷，还被迫从一个小窗户钻进一所匪徒想偷盗的房子。

狄更斯认识大量童工，他自己12岁时就被送进工厂，给皮靴染色。他痛恨这样的工作，渴望去上学。在小说中，他描写了伦敦街头的孩子们：男孩乔不会读书和写字，靠打扫街道所挣的微薄收入为生，年纪轻轻就死了；还有女孩查莉，父母双亡，靠外出给人洗衣服抚养弟弟和妹妹，为了安全，出门时只得将弟妹反锁在屋里；还有另一个女孩詹妮，她身有残疾几乎不能行走，靠给洋娃娃做衣服谋生；马戏演员训练自己的孩子表演杂技和骑术；艺人的女儿刚能走路便被送上了舞台，美其名曰“童星”。

一些好心人为流浪儿童建起了济贫学校，让他们能受到一点点教育。经常有孩子缺席，因为他们被抓进了监狱。狄更斯描写过一个当小偷的男孩，在法庭上他对法官非常无礼。尽管狄更斯自己也没有受过多少教育，但当童工的经历并没使他堕落，长大后他成了世界知名的作家。现今的英国儿童都能受到教育，但世界的其他地区，仍有孩子不得不从事长时间的繁重劳动。

克雷尔·托马林(Claire Tomalin，1933—)，英国传记作家、记者，英国皇家文学院副主席。她写作了大量人物传记，包括《狄更斯传》、《简·奥斯丁传》等。

41. 宇宙是如何从无到有的？

西蒙·辛格

科学家的发现暗示了宇宙是在一次大爆炸后诞生的，我们称之为“宇宙大爆炸（Big Bang）”。组成星系、恒星和行星的所有微粒都是在大爆炸后突然出现的，大爆炸也创造了空间。更令人匪夷所思的是，大爆炸还创造了时间。

由于大爆炸的特性，宇宙在诞生之后就不断膨胀，因此星系在不断地彼此远离，未来会相隔得更远。不过，万有引力也许会改变这种趋势。

万有引力是一种互相吸引的力，会将一切往一块牵引，所以你摔倒时会落地，而不会飞上天。万有引力把你同地球牵扯到一起，同样，它令宇宙的每一部分同其他部分相互吸引。在遥远的未来，万有引力也许会令宇宙的膨胀减慢、停止并发生逆转，也就是说让宇宙开始收缩。

然后，在极远、极远的未来，宇宙也许会开始大爆炸的反向过程，一些人称之为“GibGnag（将 Big Bang 反过来拼写）”，或称之为“大挤压（Big Crunch）”，这可能引起大反弹（Big Rebound）并导致另一场大爆炸，如此周而复始。宇宙的历史很可能是这样的：大爆炸、大膨胀（Big Expansion）、大停止（Big Halt）、大坍塌（Big Collapse）、大挤压、大反弹、大爆炸……

换句话说，宇宙不是从一无所有开始的，它始于上一个宇宙的坍塌。我们的宇宙是对前一个宇宙的重新利用。

令人遗憾的是，还没有很多的证据来支持这套循环利用的理论。相反，有些证据似乎显示宇宙的膨胀是不可逆转的。因此科学家还要继续进行探索。

在等待这个问题的科学答案时，也不妨看看圣奥古斯丁（St Augustine）的说法，他是14世纪的基督教哲学家，也面临类似的疑问。不过，人们问他的问题不是"大爆炸前是什么"，而是"在创造世界之前，上帝在干什么"，他的回答是："上帝在为问这种问题的人创造地狱。"

西蒙·辛格（Simon Singh，1966—），英国作家，剑桥大学物理博士。他出版了大量数学及科学方面的书籍，其中包括《密码本》（*The Code Book*，关注密码发展的历史）与《大爆炸》（*Big Bang*）。

42. 为什么人们的皮肤颜色各有不同？

卡尔·齐默

让我们先来看看皮肤是如何获得颜色的。皮肤里有一种特殊的细胞，可以一块块地产生一些深色的分子，即色素。不同的色素块其颜色的深浅也不相同，许多色素块结合到一起便能呈现一定的肤色。皮肤里的色素越多，肤色也就越深。瑞典人的皮肤所产生的色素非常少，他们的肤色就非常淡；非洲塞内加尔人的皮肤产生了大量的色素，他们的肤色也就特别黑。

想知道人类为何要有不同的肤色，就得了解色素对人类的用途。皮肤的色素就像是天然的防晒霜，阳光所携带的能量有些是危险的，可以引起晒伤甚至导致皮肤癌。当这些危险的光接触皮肤时，色素可以捕获它们，使人体免受损害。在非洲，阳光非常强烈，深色的皮肤如同坚固的掩体，保护人们不得皮肤癌。

不过，如果晒不到阳光，人们会得另外一种病。阳光可以帮助人体产生维生素D，保持人体的健康。非洲的阳光非常强烈，即使是黑皮肤也能使一些阳光透进去；而欧洲的阳光没有那么强，深色的皮肤不能透过足够的阳光来合成维生素D，所以欧洲人的后代肤色较浅。浅肤色的欧洲人并没更多地患上皮肤癌，因为那里的阳光非常柔和。

皮肤的色素就像是天然的防晒霜，阳光所携带的能量有些是危险的，可以引起晒伤甚至导致皮肤癌。当这些危险的光接触皮肤时，色素可以捕获它们，使人体免受损害。

卡尔·齐默（Karl Zimmer，1966—），美国科普作家。他出版了多部科普作品，并长期为《纽约时报》、《探索》杂志撰稿。

43. 南极和北极的冰会完全融化吗？

加布里埃尔·沃尔克

北极和南极被冰雪覆盖着，那些冰将来可能融化。为了理解其中的道理，最好将南极和北极分开来考虑。

北极在地球的“上方”，处于一个非常寒冷的大洋中。在北极有许多特别棒的动物，比如：北极熊、鲸鱼，以及长着胡须和长牙、身材胖大的海象，它们都生活在水里或水边。

由于很冷，北极的洋面在冬天时冻得很硬。尽管冬天的冰层很厚，有时可以在很多地方驾驶特制的冰上摩托或拖拉机，但当夏天来临时，冰层仍可以相当轻易地融化。实际上，这样的事情已经在发生了。由于全球变暖，北极的冰盖在几十年间不断融化，有些年的夏天，整个冰盖只剩下了原来的一半！许多人开始替北极熊的命运担忧，同时也担心人类会遭受气候变暖的折磨。

南极的情况要安全一些，因为那里的冰更多、更厚。那里不是一个冰冻的海洋，而是一个巨大的、冰封的陆地，我们称之为南极洲。在南极洲的中部，冰层非常厚，你可以在高达 3200 米的冰山上行走。

在南极洲的边缘，可以看到许多企鹅，它们的性情和它们的模样一般可爱；但在南极的中部，由于极度寒冷与极厚的冰层，那里不存在任何生物（除了有几个到那里研究冰雪的科学家）。

美国科学家在南极点附近建立了永久的基站，他们甚至在南极点上扎进了一根实实在在的柱子[①]。那根柱子看起来像是立在理发店门口的条纹转柱，你可以挨着它照张相；还可以更酷：在柱子顶端倒立，找人帮你拍张照，然后把这张照片倒过来看，你好像悬空挂在了世界的底端！

但是，即使是南极的冰雪（特别是边缘部分）也正在融化，也可能会有全部消失的一天。这对人类来说可不是个好消息，因为融化的冰雪能够令海水升高，对住在海边的人们造成威胁。不过，对于南极洲来说，这也许是件好事，动物将可能在内陆生活了。大约100 万年以前，整个地球的气候非常温暖，在南极的一些蒸汽腾腾的沼泽里甚至生活着恐龙！假如南极冰盖再度融化，天晓得那里又会活跃着哪些动物！

加布里埃尔·沃尔克（Gabrielle Walker），英国作家，剑桥大学化学博士，曾在剑桥大学和普林斯顿大学任教。她主持过气候变迁专题节目，出版了多部作品，并作为自由撰稿人为多家杂志撰稿。她最喜爱的地方是南极。

① The South Pole（南极）中的 Pole 一词是柱子的意思，故有此说。

44. 善从何而来？

A·C. 格雷灵

我们使用“善”这个词来形容我们喜欢的、使生活变得更加美好的事物，也用来描绘一个人对其他人所做的好事；当人们诚实而和蔼时，当人们遵守诺言、尽力而为的时候，我们也用善来描绘他们。善非常重要，它能帮助世界变得更加美好。

自从人类开始自问“如何行事与待人才是正确的”的时候，他们便开始讨论起了善的本质。古希腊哲学家对于善的辩论至今仍发人深省，他们教我们认识到：善不仅在于人们怎么做，还在于人们怎么想。这意味着人的态度是重要的，因为态度决定了人的行为。因此，每个人都必须思考如何用正确的方式生活和处事。

于是必须问自己：我认为什么是善？我为什么会这样认为？我要做的事情是对的还是错的？当你回答这些问题时，你的答案要有把握也能说服其他人（说服自己往往很容易）。

先要思考善而后方能行善，为此我们要与他人交谈，了解不同社会的人在思考些什么，知道他们为什么思考那些问题，了解人们认定某件事是好是坏所依据的理由。

于是我们可以知道：善来自于负责的、通情达理的思考——思考我们的思想和行为于己、于人、于世界会产生怎样的影响。

A· C. 格雷灵（A. C. Grayling，1949—），英国哲学家，伦敦大学教授，新人文学院（New College Of Humanities）院长。他写了30多部有关哲学话题的书籍。

45. 厨师做菜的灵感从何而来？

戈登·拉姆齐

厨师能从各种地方获得灵感：旧烹饪书、家人、朋友和其他厨师，等等。但我在集市上看到的东西往往最能启发我。

我喜爱大清早去逛农贸市场，那时摊铺刚刚开张，蔬菜、鱼、肉全都新鲜，一些为饭店采购原料的厨师同行已开始了讨价还价。最妙的是花上几分钟时间，同小贩聊一聊食材和其来源。他们会特别热情，向你推荐质量上乘的食材，都是用有机和生态农业的方式生产的，不会污染环境。

一旦我选购了时鲜原料，就会开始构思配料和风味，尽量要突出和完善原料的特性。

每个季节都要推出新的菜肴组合，其中有些是我以前的拿手菜，有些是新开发的。在寒冷的冬季，没什么比一大盆炖菜更好的了：胡萝卜、防风草、香旱芹、黄瓜、大头菜与土豆是这道热乎乎的冬日佳肴绝好的底料。

春天，芦笋正当季。这种蔬菜总令我脸上绽放笑容，激发我烹饪的热情。我热爱用英国芦笋与羊肚菇来烤龙虾尾，再加上柠檬香草酱。

夏季，浆果最是鲜美。我最喜欢用新鲜浆果做柠檬馅儿饼，柠檬的清爽酸涩融化在浆果的甜腻当中，妙不可言！

梨在秋天进入旺季，我急不可待地要烤制翻面梨蛋糕啦。那些调料，八角茴香、小豆蔻和桂皮，能让梨的风味格外诱人。这道简便的甜点很适合一些特别的场合。

在你烹饪时，重要的是要乐在其中。试试用不同的风味创造新的菜肴，天晓得在你的厨房历险中会邂逅怎样的美味和趣事。

每个厨师获得灵感的地方都不相同。在你烹饪时，重要的是要乐在其中。试试用不同的风味创造新的菜肴，天晓得在你的厨房历险中会邂逅怎样的美味和趣事。

戈登·拉姆齐（Gordon Ramsay，1966—），英国名厨。年轻时为足球运动员，受伤退役后开始厨师生涯。1998年，他在伦敦开设了自己的第一家餐厅——戈登·拉姆齐餐厅。如今，他的餐馆遍布世界各大城市。

46. 世界上哪些动物灭绝的危险最大？

马克·卡瓦戴恩

直到不久前，厄瓜多尔的平塔岛（Pinta Island）上的巨龟还是人们所知最稀有的动物，当时只剩下了一只，名字叫作“孤独者乔治（Lonesome George）”。它生活在远离南美海岸的加拉帕戈斯群岛上，据说已有100岁了。令人伤心的是，在2012年6月，它死去了，它所代表的那个亚种也就灭绝了。

在所有珍稀动物中，大熊猫是最著名的，但它们不是灭绝风险最大的动物。诚然，大熊猫的数量非常稀少（估计只有1600只左右生活在中国的竹林中），种群的数量也在减少。但许多动物灭绝的风险比大熊猫大得多，一些动物虽未灭绝，却已经从野生环境里消失了，剩下的全被人工饲养着。其中有一种叫斯皮克斯（Spix's）的长尾鹦鹉，只有大约120只，全部生活在动物园或被人养在家里。

还有些动物虽然野生的数量并不少，却面临着巨大的生存威胁，灭绝的风险反而更大。这里面包括许多大名鼎鼎的动物，比如爪哇犀牛（Javan Rhino）、老虎和山地黑猩猩等；也包括许多无名之辈，比如加湾鼠海豚（Vaquita）①、大竹狐猴（Greater Bamboo

① 加湾鼠海豚（Vaquita）：一种生活在墨西哥海岸的小海豚。

Lemur)[①]、旋角羚(Addax)[②]等，还有一些多数人闻所未闻的动物。

总之，世界上有超过 2000 种濒于灭绝的动物，而这只是我们已知的部分，还有成千上万种动物已经灭亡了。这些动物灭绝的命运并非都不可避免，灰鲸就是一个很好的例子：在 1946 年禁止商业捕捞之后，灰鲸的情况大为改善，数量从几百头恢复到了 2.1 万头。所以好消息是，如果我们努力实施保护措施，确实可以使许多动物免于灭绝。

马克·卡瓦戴恩(Mark Carwardine，1959—)，英国动物学家，环保主义者。他在 BBC 电台播出的系列节目《最后一眼》(*Last Chance To See*)获得了广泛的关注，随后出版的同名书籍也成为畅销书。马克现已出版了 50 多部作品。

① 大竹狐猴(Greater Bamboo Lemur)：来自马达加斯加的类猴动物。

② 旋角羚(Addax)：一种非洲羚羊。

47. 为什么女孩能生孩子而男孩不能？

莎拉·贾维斯

从外观上看，男孩和女孩很多方面都是相似的。毕竟，大家都有同样数量的手臂、腿脚、耳朵和鼻子。女性和男性之间一个最大的不同（不算有些男人的光头）是女性有乳房而男性没有；当然男性有阴茎而女性没有。在身体的内部，男性和女性也有一些相同与不同之处。他们都有心脏令血液循环周身，都有肺进行呼吸。不过，女性的腹部有一个叫子宫的器官，它通常只有鸡蛋大小，却可像气球一样膨胀，它的内部是空的，有一层柔软的衬膜。男性没有子宫。

女性的卵子和男性的精子共同创造了胎儿，这是一个非常复杂的过程。出生之前，胎儿的食物全部得自于母亲。在子宫内，胎儿同母体连接，从母亲的身体中获得生长所需的一切营养。

婴儿需要获得保护，他们出生后，除了进食、哭闹和睡觉以外并不能做什么事情。婴儿出生时通常已有 9 个月大，在出生之前，胎儿不能自己呼吸。

女性怀孕后，子宫里的胎儿漂浮在液体中，并不需要呼吸。但胎儿需要长大，子宫的伸缩性很大，保证了胎儿能从一开始的豌豆大小，一直长到四袋子白糖那么大①，此时，他(她)就该出生了。

---

① 英国通常每袋糖重 1 公斤。

当然，男女之间的差异并没到此结束。在婴儿出生后，女性的乳房会分泌乳汁，为婴儿提供成长所需的一切营养。在许多方面父亲都很了不起，但他们不能生孩子！

莎拉·贾维斯（Sarah Jarvis，1962—），英国全科医生，常年作为BBC电台健康节目的嘉宾。

48. 什么是引力，为什么太空里没有引力？

尼古拉斯·帕特里克

引力是宇宙中一个物体牵引其他物体的力，太空里到处都有引力存在！

物体越大、离得越近，引力的拉扯作用也就越强；地球非常大，离你又特别近，因此对你施加的引力格外的强，把你牢牢地拴在地面上，不让你漂流到太空里去，人们称这种力为“重力”。每个物体都会对你施加一点引力，比如，月亮也在拽你呢，不过力量没大到让你有所察觉的地步。月亮牵扯地球上的海洋，从而产生了潮汐。

然而，引力并不仅存在于地球上，太空里到处都有引力。在太阳系中，太阳的巨大引力伸展开来，拽住了地球和其他行星，使它们在各自的轨道上围绕太阳运行，这同地球牵引月球是同样的道理。

那么，既然地球的引力可以远及月亮（甚至更远），为什么当宇航员乘坐飞船绕地飞行时却感觉不到它的存在呢？为什么在太空里会有“失重”的感觉呢？

答案可能有点儿令人意外。其实，当你在地球轨道上时，由于地球引力的作用使你向地面坠落。既然你在不断地下落，手脚没有支撑在任何东西上，因此便感受不到身体的重量。但你为何又没摔到地上呢？那是因为当你随飞船在绕地轨道上飞行时，你是一边在下落，一边在绕着地球飞转。你的飞行速度是每小时 17500 英里（约 2.8 万公里），这太快了，使得你下落的速度同地面在你身下飞逝而过的速度一样快，因此每当你落向一段弧形的地面时，都发现那段地面已经在你身下消失了。

作为一名宇航员，我在“发现者”号和“奋进”号航天飞机以及国际太空站中都生活过，体验过连续几周的失重状态。在不工作时，我们享受眼前的美景，练习漂浮的技巧。通过一定的练习，你也能漂浮在空间站里，一动不动地待上好几分钟，直到空调里送来一阵徐徐的冷风，把你轻轻吹向排风口。

尼古拉斯·帕特里克（Nicholas J. M. Patrick，1964—），英国及美国宇航员，麻省理工学院机械工程博士。1998 年被选为 NASA 宇航员，至今在太空中飞行的时间已超过了 600 小时。

49. 水是怎样变成云又化成雨的？

加文·普雷特-平尼

云是由无数的小水滴组成的，它们有时是小液滴，有时是小冰晶。说来也挺怪的，人们只是看到云在天上飘，却看不到水是怎么上去的。不过，有些事情我们看不到，但并非不存在。

有时候水是不可见的，当然不是指那些流淌的、能被喝的水，那些水我们能看见；也不是指冻成冰的水，它们也很容易被看见。可当水变成气体时就看不见它了，此时，水的最小结构——水分子——不再被聚在一起形成流动的水或坚硬的冰，而是各自独立地飞到空气中。

当水为气态时，水分子间有很大的空间可以四处运动。由于分子实在是太小了，无法被看到，因此当水为气态时，人们是看不见的。只有当数以亿计的水分子聚到一起形成小液滴时，它们才可能被看到，而这正是一朵云在天上形成时所发生的事情。

你也许没有意识到，但我们周围到处是看不见的水。水是空气的一部分，从海洋与冰雪表面、从池塘与其他地表水中，水分子升腾进入空气里。尽管人们看不见这些水分子，但空气里却有大量的水分子，它们彼此间互相碰撞，也与其他气体的分子相互碰撞。

空气越是温暖，升腾进空气里的水分子便越多，移动的速度也

当数以亿计的水分子粘到一起形成小液滴时，它们才可能被看到，而这正是一朵云在天上形成时所发生的事情。当云中的液滴变成冰晶，长到足够大时就落了下来，这就是雨或者雪。

越快。不过，这些看不见的水是如何升到高空并变成大朵白云呢?

大气层最下面几英里厚的空气对流非常急速，使得接近地面的空气有很多机会上升到高空：它可能是在随风越过高山时被吹到了高空，也许是随地面的热空气一起升到了空中。无论是怎样升上高空的，随着高度的上升它都会冷却下来，于是云便这样出现了。

随着空气的冷却，那些看不见的水分子运动得慢了下来，等温度降到一定程度时，它们相互挤碰开始凝聚到一起形成液滴。空气继续上升，温度降得更低，液滴越聚越多，最终变成了天上的白云。

如果空气继续上升变得更冷的话，云中的液滴就变成了冰晶，当冰晶长到足够大时便开始下落，降到地面上形成雨或雪。

加文·普雷特－平尼（Gavin Pretor-Pinney），英国作家。他的畅销书《看云去》（*The Cloudspotter's Guide*）是不可多得的观云手册。他发起成立了观云协会，已有来自全球各地的10000多名“云友”加入。

50. 人们如何知道所有的雪花都不同？

贾斯汀·波拉德

第一个意识到每片雪花可能都不相同的人叫威尔逊·本特利（Wilson Bentley），出生在1865年。他生活在美国的佛蒙特州，那里非常寒冷，冬季多雪。其实，美国是世界上（包括南极洲）年降雪量最多的地方。威尔逊住在一个非常冷的农舍里，他甚至可以把飘洒的雪花接到一块黑板上，然后将它们带回室内去观察，雪花也不会融化。

威尔逊的妈妈有一架旧显微镜，在15岁时，有一天他决定用显微镜来看看雪花，所见令他特别惊讶：每一片雪花都呈美丽的六边形，但每一片都不尽相同。

威尔逊·本特利想让每一个人都能看到雪花有多么美丽，但即使在他那间冰冷的房间里，雪花也最终融化了。于是他想出了一个主意。威尔逊说服他父亲给了他100美元（在当时那可是老大一笔钱，相当于如今的1500英镑），买了一架照相机和一个专门的连接件，使他可以透过显微镜来拍照。当时，没有多少人知道这到底该怎么做，因而在1885年，威尔逊成了头一个用这种方式给雪花拍照的人。

他一生都没有停止拍摄雪花，因而成了著名的“雪花本特利”。

最终，他给雪花拍摄了 5381 幅照片，没有一片雪花是相同的。在夏季不下雪的时候，他拍摄姑娘们美丽的笑容。1931 年，他再次冒着暴风雪去采集雪花，不幸着了凉，去世了。

但是，他的看法——每片雪花都不相同——正确吗？

每片雪花都起始于云层中的某粒微小冰晶，在旋转着从天而降的过程中，冰晶逐渐长大。它的形状取决于很多因素，在雪花形成的过程中，每一时刻所经过的地方，其空气的温度与湿度都影响雪花的形状。因此，任意两片雪花能以完全相同的方式下落，其概率是微乎其微的。

不过，世上曾经落下的雪花实在是太多了，仅一立升雪就包含 100 万片雪花。整个世界从古至今落下的雪花总数恐怕得有 10^{54}（Nonillion）片。这可是个巨大的数字啊，给你这个数有多大的概念：如果你有这么多张 5 英镑的纸币，你用它们铺满整个世界并一层一层地往上摞，摞起来的高度将达到 55620 公里。

因此，那么多的雪花中会有两片完全一样吗？说实话我们永远不敢肯定，因为没人能把所有的雪花都查看一番。不过据数学家们估计，在这么多片雪花中，用“雪花本特利”的显微镜也仅仅可能发现两片一样的雪花。而即使那两片一样的雪花，假使你用更先进的显微镜观察，还会看到些许差异的。

贾斯汀·波拉德（Justin Pollard，1968—），英国历史学家、电视制作人。他出品了多部纪录片，并为多部电影进行历史指导，包括《加勒比海盗》、《伊丽莎白女王》等著名影片。

51. 为什么除蝙蝠外能飞的动物都有羽毛？

约翰·杰克·霍纳

实际上，鸟类是现存唯一长羽毛的动物。虽然一部分羽毛是用来飞行的，但鸟类的大多数羽毛却另有用途。通过化石我们发现，小恐龙显然是第一批长羽毛的动物。小恐龙的羽毛当然不是用来飞行的，其主要用途是保温和炫耀。我们看到雄鸟向雌鸟（有时也向其他雄鸟）炫耀自己的羽毛，炫耀是动物吸引配偶的方法。

在过去几年里，科学家们形成了一个结论：鸟类起源于恐龙，也就是说恐龙是鸟类的祖先。其实，绝大多数鸟类的特征在恐龙身上都已经出现，比如：羽毛、中空的骨头、叉骨、有硬壳的蛋，等等。

换句话说，恐龙和鸟类的共同特征太多了，所以古生物学家如今把鸟类划分进了恐龙家族。鸟类便是活着的恐龙！而且，由于鸟类是一种恐龙，我已经同几个生物学家一起，开始尝试开启或关闭鸟类 DNA 上的某些基因，希望重新创造出恐龙来。我们在小鸡的 DNA 中寻找能够使它们长出大尾巴和带手的长臂（而非翅膀）的基因，我们也试图让小鸡长出牙齿。

如果能创造出一只带有恐龙特征的鸡，我们会叫它“鸡龙”或者“龙鸡”！一旦我们能够将一只鸡改造成恐龙，也就能将任何鸟改造成恐龙，因为所有的鸟都是相似的。有些孩子兴许会希望我们用鸵鸟来创造恐龙，那样就会得到些大家伙，不过我觉得还是让恐龙个儿小点儿吧，这样他们就不会吃了我们啦。你说是吧？

约翰·杰克·霍纳（John Jack Horner，1946—），美国考古学家。他发现了世界上第一批恐龙胚胎化石，有两种恐龙以他的名字命名。杰克是美国最著名的考古学家之一，他曾担任电影《侏罗纪公园》的技术指导。

52. 我的大脑如何控制“我”？

苏珊·格林菲尔德女男爵

你这个问题中有两个重要的词，“大脑”和“我”。我们首先需要搞清自己是否真的理解它们的含义。

大脑是团软绵绵的东西，它填满了你的脑袋，看起来像是一个非常大的皱巴巴的核桃。当然它不像核桃那般硬，而是软软的，如同一个煮得很嫩的荷包蛋。不过，大脑的本事可比核桃或鸡蛋大多了：它使你能看、能听、能感觉、能嗅、能尝出味道；它还是你身体的司令官，指挥四肢上的各种肌肉，使你运动自如。最为重要的是，大脑使你能够思考，所以你最终能够思考“你自己”。

让我们来看看你脑袋里到底发生了什么……

刚出生时，你的大脑同幼年黑猩猩的大脑一样大，不过随后就发生了神奇的事情。组成你大脑的是大约上千亿个微小的细胞，只有用显微镜才能看到。在你出生之后，这些细胞开始生出细丝彼此相互连接，随着连接的延伸与增加，你的大脑变得与黑猩猩的大脑大不相同了。

那又怎样呢？有什么特别有趣、特别重要的呢？

我们人类跑得并非特别快，视力也并非特别好，同许多动物相比也不够壮。但我们却能在地球到处生活并繁衍昌盛，因为有件事我们做得比动物好得多——我们能够学习。

正是因为善于从经验里学习，我们才能适应任何生活环境。而我们之所以擅长学习，是因为我们活着的每时每刻脑细胞都在惊人地制造着联系。你的每次经验都会改变脑细胞的连接，所以，即使你有一个双胞胎的弟弟或妹妹，你们两人拥有相同的基因，但你脑细胞的连接方式仍会是独特的，因为某些经验只有你自己拥有。即使同家人生活在相同的房子里，你们之间所遇到的事情和所需处理的问题仍有不尽相同的地方。你每次做日常的事情，比如：同某人聊天、玩游戏、吃某种食物或对着窗外发呆，脑细胞的连接方式都会根据这些情况进行改变，使你变成与别人不同的你自己。

因此，对于这个问题的答案是："我的大脑"和"我"是一回事儿，谁也不能控制谁。

可是，这个看起来像核桃摸起来像鸡蛋的东西是如何能让人产生"我"的感觉呢？至今仍是一个最大的难解之谜。

苏珊·格林菲尔德女男爵（Baroness Susan Greenfield，1950—），英国神经科学家，英国上院议员。苏珊研究的主要兴趣是人类的大脑，她写了许多有关大脑的科普书籍。2000年，她被授予"不列颠帝国司令勋章（CBE）"。

53. 我们都是亲戚吗？

理查德·道金斯

是的，大家都是亲戚。你是女王的表亲（可能很远房），也是美国总统的远房表亲。你和我彼此是表亲，你自己就能证明这一点。

每个人都有双亲，这样我们就都有4个祖父母（因为你父母也有父母），然后，既然你祖父母也有双亲，每个人又会有8个曾祖父母，16个曾曾祖父母，32个曾曾曾祖父母，一直这样下去。

你可以回溯到任何一代，算一下要是从那一辈儿算起你该有多少祖先，要做的只是把辈数当成2的乘方数而已。

假设我们回到公元10世纪，那时诺曼人还没有征服不列颠，英格兰还是盎格鲁-撒克逊人的天下。让我们算一下，从那时起要是你的祖先们都活到今日，会有多少人。我们假设每个世纪有4代人，于是共有40代人。

2的40次方，结果将超过1万亿，而当时全世界的总人口数大概只有3亿左右。即使到了今天，全球人口也只有70亿。只往回算了1000年，单单你祖先的数量就已超过现今总人口数150倍了。这还只是谈到你的祖先，那么我的祖先呢？女王和总统的祖先呢？现今所有活在地球上的70亿人的祖先呢？难道70亿人中每个人都有自己的1万亿个祖先吗？

更麻烦的是，我们还只是回溯了1000年，假使我们回溯到尤利乌斯·恺撒（前102—前44）时代的话，那将是大约80代人，2的80次方超过了1亿亿亿！地球上每平方码的土地上要挤下10亿人，我们只能一层摞一层站着，摞起上亿层。

显然我们的计算一定有错。我们说每人都有父母双亲错了吗？当然没错。再往下看，每个人都有4个祖父母吗？大体没错，不过并非每人都有4个与他人全不相干的祖父母。看来这就是问题的所在了：第一代表兄妹们有时会通婚，他们的孩子会有4个祖父母，但曾祖父母却只有6个而不是8个，因为有两个曾祖父母是两人共有的。

表亲间的通婚减少了我们假设的祖先数量。尽管第一代表亲间的通婚并不普遍，不过依此思路，远房表亲间的通婚同样能够减少祖先的数量。于是，我们可以解释那个假设中大得不可思议的人口数字了：我们都是表亲。在恺撒时代，世界上实际的人口只有几百万，我们所有人，所有这70亿人，都是他们的后代，我们确实都是亲戚。每个婚姻或多或少都是远房表亲间的结合，在他们生儿育女之前，已经有了许许多多共同的祖先。

依据相同的思路，我们远房亲戚不仅局限于人类，所有的动物与植物都是我们的远房表亲。我的狗是你的表亲，你午餐时吃的生菜也是你的表亲，当然还包括飞过你窗边的小鸟。你我与它们拥有共同的祖先，不过这已经扯远了。

理查德·道金斯（Richard Dawkins，1941—），英国进化生物学家，牛津大学教授。他积极倡导在学校中教授进化论，是目前全世界最著名的无神论者。他的作品《自私基因》（*The Selfish Gene*）、《盲眼钟表匠》（*The Blind Watchmaker*）都引起了广泛的关注。

54. 为什么在你希望时间过得快一些时它却走得格外慢？

克劳迪娅·哈蒙德

时间仿佛可以伸缩，可并不总是按照你希望的方式伸缩。经常遇到的是，钟表讲一套，而你的头脑讲另一套。如果你现在闭上眼睛，别数数，猜一下何时过了两分钟。你很快就会不耐烦，感觉时间是那么漫长。可是，如果你是在观看《神秘博士》[①]，同样两分钟简直是飞一般地快。

你是否有过那种感受，觉得早该下课了，可瞥一眼表，发现甚至时间还没过半呢？往往在你感到无聊，希望时间赶快过去的时候，这种情况特别容易发生。当你感到无聊时，你开始注意时间本身，你注意到那煎熬的、漫长的每一分钟。可是，当你在玩喜欢的游戏时，相反的情况出现了，你完全沉浸其中根本无暇关注时间。游戏给你带来极大的乐趣，当你自我陶醉时，时间仿佛加速了。一个小时的时间如同直接消失了那般快。

时间过得缓慢（尽管你希望它走得快点儿），问题出在大脑计

---

① 《神秘博士》(*Doctor Who*),BBC制作的英国科幻电视剧，讲述了名叫“博士”的神秘人利用时间机器到处冒险的故事。

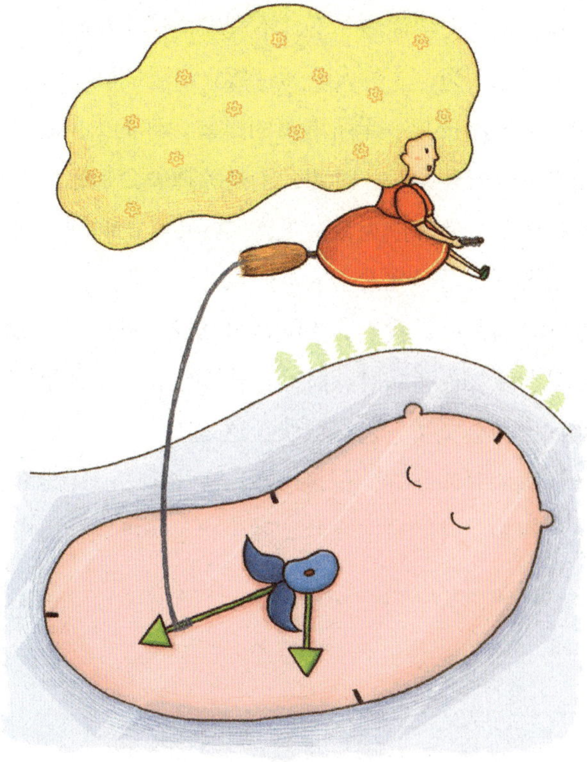

当你一天都无事可做特别无聊时，比如你生病时，时间过得很慢；而当你事后回顾养病那周的时间，又会觉得它过得很快。这是因为：由于你没做什么新鲜事，这一周的时间在你的记忆中没占多少地方，于是在你回忆它时，会觉得很短。

算时间的方式上。没有人确切知道大脑到底是怎么做的，因为眼睛管视觉、耳朵管听觉，但没有专门的身体器官负责衡量时间。当然，我们在估计一分钟的长短时，令人惊异的准确。你在家自己就可以试试看，找个人帮你测一下，不过别悄悄地数数。

有一种理论认为，人的大脑通过数它自己的脉搏数来保持时间感。即使在你无聊透顶、无所事事的时候，你的大脑也非常活跃；当你感到无聊时就开始关注时间，于是脉搏就会加速，大脑数这些加快的脉搏数，会使你以为经过了比实际更长的时间。换句话说，时间好像变慢了，虽然你希望它走快点儿。

在处理时间方面，我们的头脑行事怪诞。当你一天都无事可做特别无聊时，比如你生病时，时间过得很慢；而当你事后回顾养病那周的时间，又会觉得它过得很快。这是因为：由于你没做什么新鲜事，这一周的时间在你的记忆中没占多少地方，于是在你回忆它时，会觉得很短。时间是古怪的，我们永远不能完全适应它。

克劳迪娅·哈蒙德（Claudia Hammond，1971—），英国作家、心理学家。她还在BBC电台主持心理节目。

55. 泡泡是如何进到汽水里的？

史蒂夫·莫尔德

你知道如何将糖一类的东西溶解到水里吧？在溶解时，所有聚合在一起、组成糖粒的微小东西都彼此分开并扩散。这些微小东西叫作“分子”，它们如此小，你根本看不到它们。因此，糖粒在你看来就好像是消失了一般。

好了，你同样也可以把气泡溶解了。不过，要想溶解气泡，就必须特别使劲地挤压它们，也就是说，要提供好多好多压力。因此，当你打开一瓶汽水时会听到嘶嘶声，因为那些压力被释放了。

那么，在你释放压力时会发生什么呢？所有被溶解的分子又聚到了一起，重新形成了气泡。如果你打开一罐汽水后马上就喝下肚去，好多气泡就会在胃里冒出来，会让你打上几个大响嗝。

史蒂夫·莫尔德（Steve Mould），英国科学节目主持人、制作人，牛津大学物理学硕士。他在BBC电视台主持了深受好评的科学节目《蓝彼得》（*Blue Peter*）。

56. 何人最先造出了金属器具？

尼尔·奥利弗

在金属工具还未出现前，许多工具都是用各种石头制造的。在同岩石与石块打了几十万年甚至上百万年的交道之后，人类成了辨识各种石头的专家。

于是，有些好奇心更强的人会注意到，沿途的有些石块会在阳光的照射下闪光或发亮。也许他们看到有东西在浅浅的河底发光，或者发现岩壁上和巨石上有一些闪光的条纹。河里一些闪亮的卵石大概是小金块，稍加试验就会发现，把它们夹在两块硬石头之间锤击，很容易塑成各种形状。

第一批黄金物品可能出现于上万年前，称它们为“工具”并不特别恰当，这些早期的黄金物品很可能是贵重的首饰或护身符。

铜是另一种可以在野外成块儿发现的金属。如同黄金，铜在不加温时也有一点儿可塑性；如在火中加热后，塑形会更加容易。偶尔的，这些古怪的铜块可能意外地落入了篝火中，观察力强的人就会发现：加热使铜块软化，有点儿类似黄油的情况。

故事变得真正有趣了：除了原生的铜块，岩石里有也铜，呈现出亮蓝或绿色条纹状。这样的石块恐怕很是迷人、抢眼，兴许会被人捡起来带回家去。

不难想象，这些石块也许会被人有意或无意地放进火炉，或放进烧陶器的窑里。如果火烧得足够热，液态的铜就会从这些奇怪的蓝绿石头里渗出来。想想看，头一次看到这种事发生会使人多么激动、多么难忘！

既然总有些人格外敏锐与好奇，我们有理由相信，在上万年的历史中，在许多不同的地方都多次发现类似的情况。我们所确知的是：居住在地中海东岸（大概现今土耳其一带）的人们在 7000 或 8000 年前开始制造铜制工具。不过，其他地方的人也学会了如何制造金属：6000 年前在现今的保加利亚，以及至少 5000 年前在现今的巴基斯坦，当地的居民也开始制造金属工具了。

尼尔·奥利弗（Neil Oliver，1967—），苏格兰考古学家、作家、电视主持人。他由于主持 BBC 的系列纪录片《海岸》(*Coast*）而引人注目。他最大的爱好是挖洞。

57. 为什么天空是蓝色的？

西蒙·英格斯

你猜怎样？天空并非是蓝色的。至少，天上没有蓝色的物质，没有蓝色素，是我们的眼睛上了当。天上以及我们的周围，有着各种气体，例如：氧气、氮气和二氧化碳等。

同时也有尘埃、水汽、花粉，甚至还有飘浮在空气里的微生物。

当阳光照射在物体上时，光会发生反射。对于大的物体，比如月亮，光的反射很充分。月球表面的尘埃本是暗淡无光的，但由于其反射的效果充分，使得月亮在夜空里看起来是如此的明亮。不过，气体分子太小了，不能像镜子那样反射阳光；相反，它先是吸收光，然后再随机地向某个方向把光释放出来。也就是说，空气中的每个分子都是一个闪闪发光的光源。

可以将光想象成声音。阳光不是单一乐器奏出的、有固定音高的声音，而是如同一个巨大无比的交响乐队在演奏，每一种可能的音高都被以各种各样的音量同时演奏出来。而我们仅仅能看到这“乐曲”的一小部分，不同音高（频率）的光被眼睛识别为不同的颜色：红、橙、黄、绿、蓝、靛、紫。

空气分子非常易于吸收蓝光，也很容易释放它。于是，天空里到处散射着蓝光，它们从四面八方钻进了我们的眼睛，无论往哪儿看，都受到蓝光的“轰炸”，因此，整个天空看起来都是蓝色的。

其他颜色的光不那么容易被大气层分散，它们或多或少以直线照向我们。千万不要直接对着太阳看，否则，所有颜色的光（除了一点天蓝色外）都会同时撞击你的眼底。那么多光会弄坏眼睛的。

如果火星的大气层中气体再多一些的话，也会出现蓝天。然而，那里没有足够多的气体来起到散射作用。假使你有机会站在火星表面，仰望天空，天空是白色的，被尘埃染成了浅浅的棕色。

靠近地球的两极地区，太阳在天空中的位置较低，阳光要到达地面需要穿过更厚的空气。那里，天空格外湛蓝。

西蒙·英格斯（Simon Ings，1965—），英国小说家、科普作家。他出版的科普书《眼睛》（*The Eye—A Natural History*）在物理、化学和生理方面探索了视觉的科学原理。

58. 观众喧闹时运动员如何集中注意力？

柯林·蒙哥马利

我是个高尔夫球手，同别的运动不同，高尔夫是项个人运动，比赛中的许多挑战来自精神方面。在每一站巡回赛中，你都要专心致志地比赛，因而不会太留意周围的动静——而且高尔夫观众普遍非常懂行并有礼貌。如果你引得一大群观众跟着你，虽有些喧闹，却通常表明你打得很好，所以没什么可抱怨的。

在雷德杯①那样的团体比赛上，往往观众众多。他们有时也像足球迷那般喧闹，到处是呐喊声和歌声，制造出巨大的声浪。当你身处主场时，观众会激励你出色发挥，加快你的肾上腺素循环，没有比观众齐声呼喊你的名字更好的事情了；当你面对客场观众时，那可真是考验神经，有些观众很不友好，这使你的注意力更加难以集中。此时你不能心生恼怒，而只能尽量不为所动，或者将之转化为动力，激励你发挥得更加出色。

集中注意力的最好方法是忘记你周围发生的所有事情，只专心思考你的下一次击球。你还必须学会信任观众，希望没人打算在你挥杆时或推杆前大声嚷嚷。

---

① 雷德杯（Ryder Cup），职业男子高尔夫团体赛，每两年举行一次，竞赛的双方是欧洲队与美国队，轮流在欧洲和美国举行。

我认为，经历的大场面越多，便越容易集中精力。你会对观众的欢呼和喧闹习以为常。而且不要忘了，我们成年累月地训练，就是为了在那样的场合一展身手。如果想成为最好的球手，就应该渴望观众观看自己的比赛，并为自己喝彩，因为那意味着自己打得很好，大有机会赢得锦标。

柯林·蒙哥马利（Colin Montgomerie，1963—），苏格兰职业高尔夫球手，英国最杰出的高尔夫球员。他创纪录地赢得了八次欧巡赛年度奖金榜冠军，世界最高排名为第二名。

59. 猴子与鸡有什么共同之处吗？

扬·王

可能比你想象的多得多。我们还是先回想一下它们的外表。它们都有一个头（上面长着双眼、一张嘴、一个大脑等），都有一个尾（肛门和尾巴），都有双腿（膝盖和脚趾完整）与双臂。当然，为了能飞行，鸡的双臂长得有些不同，人们为之取了一个特别的名字——翅膀。不过你吃烤鸡时会发现，鸡翅同你的手臂或猴子的手臂有相似的骨骼结构。

生物学家管这种深度的相似叫“同源”，当我们观察身体内部时会发现更多的相似之处。猴子与鸡有相同的器官（肺、心脏、肝脏、肾脏），所做的事情也一样。通过显微镜观察，动物之间的相似性就更多了。它们的身体都是由相似的细胞组成，运行的方式也几乎一样。再继续深入下去，看一下控制生物化学反应的那些微小分子，你会发现它们绝大多数看起来几乎完全一致。

有一个很好的理由来说明为什么猴子和鸡有如此多的共同之处。它们都起源于同一种动物：一种生活在距今大约 300 万年前的蜥蜴样动物。从这个共同祖先的身上，它们继承了相同的 DNA，这犹如有了相同的构造图纸。猴子与鸡外观上的小小差异只是因为图纸在后来有了轻微的改变。

事实上，所有的生物都是彼此关联的，动物（包括猴子、鸡和我们自己）同一棵树拥有共同的祖先。没有人认为自己同树会有多少共同之处，因为我们共同的祖先生活在 10 亿年前。但只要仔细观察，人与树在生物学上的密切相关还是很显著的。

猴子和鸡相像的地方比你想象的要多得多。外表上都有一个头、一个尾、双腿和双臂，内部有相同的器官（心肝肺等），并且其功能也相同。科学家管这种深度相似叫"同源"。

扬·王（Yan Wong），英国进化生物学家、科学节目主持人。他在 BBC 黄金时段播出的科学系列片《理论大爆炸》（*Bang Goes The Theory*）担任主持人。

60. 人类起初是如何学会写字的？

约翰·曼

在书写发明之前很长一段时间里，人们必须记住互相说的话，因为没有其他的方法可以记录他们的交谈。在生活很简单时，这招挺管用，比如，你只是想用自己的鸡交换邻居的一篮苹果什么的，或是你答应给牧师一只鸡求他为你向上帝祷告。

不过，万一你想立刻就得到苹果或祷告，而你的邻居或牧师却想在明天、下周或下个春天时得到鸡呢？万一到了那时，邻居或牧师却说："你说的是给我两只鸡！"而你又记不清自己是怎么说的了。想必你们一定会为谁说了什么、何时说的、对谁说的等发生争吵。

要搞清楚人类是如何开始写字的，就必须回到一万年前的美索不达米亚，即今天的伊拉克。那地方很炎热，流淌着两条大河：底格里斯河与幼发拉底河。美索不达米亚的意思便是"两河之间"。大河有利于生产食物并方便交通，河水可以灌溉庄稼，运输粮食，提供城市的饮用水。

一个像美索不达米亚这样巨大、复杂的富裕国家，人们需要记录下发生过的事情，特别是那些祭司们。他们从脚下常受洪水侵扰的土地里找到了想要的东西——黏土。黏土容易搓成柔软的小球，然后用芦苇作笔在上面记下一些符号，代表诸如"两只鸡"或"七只羊”一类的事情。你今天就可以试着模仿一下：所需的不过是一些泥巴和一根细树枝。

由于所用的笔都有一个三角形的尖儿，留下的印迹是三角状的。这印迹便是楔形文字（Cuneiform，意思是“形状像三角形”）。随后，人们把这些黏土放进火炉中烤制，烧硬后的黏土球保存在办公室里，以备日后平息争执。

后来，书记员们发明了许多不同的符号，可以记录他们语言中的任何词汇。他们记录下了许多事情：战争的情况、国王和官吏的名单，以及父母给孩子讲的故事，等等。科学家挖掘出了上万块这样的泥板，学者们已搞清了那些符号的含义。

随着时间的推移，另有两条大河所流经的地区变得强大而富庶。其中的一条是埃及的尼罗河。大约5000年前，埃及的祭司们创造了不同的符号。他们把一些图画般的象形符号写在神庙的墙上，也写在苇草造的像纸一样的材料上，用来记录神灵与国王的事迹。这些符号被称为“Hieroglyphs”，意思是“神圣的文字”。

又过了2000年，中国人在黄河边上建起了城市。那儿的巫师做了一些非常古怪的事情，他们把龟甲放在火上烧，使之开裂，然后用裂纹来预测未来，并把他们的预言刻在裂纹旁边。这便形成了中国文字的基础。已经发现了许多这样的龟甲，它们显示：有些符号直到3000年后的今天还在被使用着。

约翰·曼（John Man，1941—），英国历史学家、作家。他研究与写作的兴趣主要在中国历史、成吉思汗历史和人类的书写历史。他的多部作品中包括《成吉思汗》（*Genghis Khan*）、《古登堡革命》（*The Gutenberg Revolution*）等。

61. 为什么科学家要观察细菌，而我为什么看不见它们？

乔安娜·梅纳斯特

当我们谈论病菌时，通常是指那些能使人得病的细菌和病毒。这些微生物太小了，即使用放大镜也看不见，却常令我们心存恐惧。

人的眼睛只能看清直径200微米以上的物体，那大概是你一根头发的粗细。大多数细菌只有一微米大小，200个细菌并排才有人类头发直径那么长。

想看到细菌，就需要使用光学显微镜。在显微镜下，有些病菌像小球，有些像小棒，还有些螺旋形的很像开红酒的瓶塞钻。用专门的染色剂着色之后，我们能够看到细菌之间的差别：一些呈紫色，一些呈粉色。

当科学家使用更强大的显微镜时，便了解到细菌的外膜可能是不相同的，这些差别能提供病菌致病的线索。由于结构的原因，一些病菌可以令人患上非常严重的病；细菌可能有帮助其游动的尾巴，使它更容易感染细胞；一些病菌的外膜上有许多细微的毛发，有利于它们黏住细胞，比如人喉咙里的病菌便是这样；甚至还有一些病菌利用一层黏滑、潮湿的外衣在干燥的环境里能更久地存活。

一旦科学家了解了病菌的结构，就能开发出更有效的药物，分解不同种类的病菌，帮助人体战胜疾病。

如果你由于皮肤感染去看医生，你可能会得到某种抗生素；当你得了别的病，比如咽炎或严重的胃痛时，可能得到的是其他种类的抗生素。医生通常从病的症状中得知是何种病菌感染了你，他知道哪种药物能更好地消灭它们。这些药物都经过了专门的设计，可以破坏病菌的结构和阻断感染的途径，其所凭借的知识，正是通过非常仔细地观察病菌而获得的。

有时你去看病，医生并没给你任何抗生素，那可能是因为你的感染为病毒所致。病毒比细菌更小，它的外观、行为和细菌很不相同，因此，那些对付病菌的药物根本起不到作用。

乔安娜·梅纳斯特（Joanne Manaster），美国生物学家，从事了20年的科学教育工作，善于把复杂的科学问题解释得深入浅出。她还是《科学美国人》（*Scientific American*）的自由撰稿人。

62. 有人吃北极熊或狮子吗？

本尼迪克·阿伦

没有，那简直太自找麻烦了。当人们寻找美味时，总是找那些容易对付的、没有巨爪獠牙的动物。并且，北极熊和狮子都善于发现人类，虽然你可以省掉追赶它们的麻烦，却可能没等想好如何烹制北极熊或狮子，自己先被咬掉了一半。

当我在东半球的蒙古旅行时，曾和一个叫查丹的人住在一起。他为人特别友善，住在驯鹿皮做的帐篷里，同鹿群一起游荡，穿越白雪皑皑的森林。一天早上，一个男人来到了我住的帐篷，看起来他已筋疲力尽。他说自己一直被一头熊追赶着，那熊想要吃掉他，因为他穿着一件暖和的驯鹿皮做的衣服，由于皮衣气味的缘故，熊把他当成驯鹿了！无论他怎样叫喊，熊都追着他不放，情况真是一团糟。

后来，熊终于看清了追的不是驯鹿，却决定干脆把这个人吃掉算了。那人迫不得已，只好用铅笔刀去吓唬熊。比起熊的爪子来，铅笔刀可不太给力，所以花了好长时间才把熊赶走，自己给累成那样也就不奇怪了。我给了他一杯茶，一个好心的女士替他缝补了被抓破的衣服。

要知道，狮子也一样不那么容易吃到。我曾带着3匹骆驼穿越非洲的纳米布沙漠，我最喜欢的一头骆驼名叫“纳尔逊”，除了长颈鹿外（长颈鹿比它高），它唯独不喜欢狮子。它不喜欢狮子们总是悄悄地跟着我们，我也有同感，也有点儿不爽，我和纳尔逊都想快点儿回家。

狮子们曾在夜里包围了我们，我想它们一定是在琢磨对我们中的哪个下手。我料定它们会选我，因为骆驼跑得更快，还会对尾随它们的大家伙大发雷霆。人可没那本事！

所以，出于上述的原因，虽然有人确实吃猴子、蛇、蝙蝠，甚至蜘蛛，不过却愿意离北极熊与狮子远点儿，并且也希望狮子和北极熊能离他们远点儿。

本尼迪克·阿伦（Benedict Allen，1960—），英国探险家。他以生存技巧超强而闻名，曾6次死里逃生。他出品了多部电视系列片，并出版了讲述探险故事的书籍。

63. 为什么月亮的形状会变化？

克里斯托弗·赖利

宇宙中的所有东西（强调一下，是所有）都在运动！地球和月亮也不例外。在你读这本书的此时此刻，你和书，以及你的房子、街道、邻居和所有你认识的人，都在以超过每秒钟 27 公里的速度在太空里疾驰，随着地球一起绕太阳旋转。

如果你透过窗户能看到月亮，那就好好看看它吧，它以每秒钟 1 公里多的速度也在围着地球飞转。我知道这的确难以置信，你根本看不到它在动呀。不过，那是因为月亮离我们真是太远了：大约 385000 公里远，这一长度是地球周长的 10 倍。

离地球这样的远，月球绕地球走一圈几乎要花一个月。你大概注意到了在一个月里月亮外观的变化，从细细的月牙长成一个整圆，然后又变回细月牙，并有一两天完全消失了。我们如何解释如此戏剧性的变化呢？有什么主意？让我们来做个实验吧。

你需要找个黑屋子来模仿太空，一盏灯做太阳，一个苹果做月亮，你自己扮演地球。

在屋子的一头儿点亮你的太阳（那盏灯），熄灭屋里其他的灯。你站起来拿着苹果，朝灯的方向伸直你握苹果的手臂。

由于所有的灯光都照在苹果的背面，你能看到的这面应该完全在黑暗中。现在，你原地向左转 45 度，依然手臂伸直握住月亮(那个苹果)，你现在看到了什么？你应该能看到“月亮”的右边被照亮了细小的一片。

再向左转 45 度，月亮会有一半被太阳（你的灯）照亮，保持手臂伸直，再向左转 90 度，现在太阳应该在你的身后，而只要你不把自己的影子投到苹果上，你会看到朝向你这面的“月亮”被整个照亮了，像满月一般。继续向左转，握住苹果伸直手臂，你会看到月亮被照亮的部分又开始缩小，先是缩回半圆，然后是月牙，最后在你开始的地方又完全消失了。

你刚刚所模拟的正是月亮以每秒 1 公里的速度绕地球运转时所发生的情况！你的实验也证明了月亮不是一个平平的碟子，尽管它有时看来确实挺像的。月亮是同地球一样的球体，它被太阳从一个方向照亮。

克里斯托弗·赖利（Christopher Riley，1967—），英国作家、科技节目主持人与制作人，林肯大学（University Of Lincoln）教授，皇家天文学院院士。2004 年他摄制的纪录片《太空奥德赛》(*Space Odyssey*)获得了“阿瑟克拉克爵士奖(Sir Arthur Clarke Award)”。

64. 数字是否永无止境？

马库斯·杜·索特伊

下面是我最喜欢的数学笑话，它有助于回答你这个问题：

一个数学老师问全班："最大的数是多少？"

一个孩子很快举起了手。"1 万亿。"他宣布。

"那么 1 万亿加 1 怎么办？"老师问。

"好啊，我很接近了。"那个孩子胜利般地说。

这个玩笑好笑的原因是（当然，解释笑话好笑的原因总会令笑话变得无趣）：那个男孩认为老师给出了最大数的答案："1 万亿加 1。"其实，那个老师只是在回答"数字是否永无止境"这个问题。

如果数字有尽头，那将一定有个最大的数。可假使有个最大的数，我也可以玩老师那套把戏，我可以在那个数上加 1，于是便得到了一个更大的数。

数字永远不会穷尽，它们永无止境。

马库斯·杜·索特伊（Marcus du Sautoy，1965—），英国数学家，牛津大学数学教授。他是英国最杰出的科学家之一，在 2010 年被授予"不列颠帝国官佐勋章（OBE）"。

任何时候，你都可以在你能想到的最大数字上加个1。是的，数字永无止境，因为它本来就是这样。

65. 第一粒种子是从哪儿来的？

卡伦·詹姆斯

当你想到“植物”一词时，脑中的画面可能是一朵花、一棵树，或是一片草地。所有这些植物都是从种子生长出来的，它们也产生种子。但也有另外一些种类的植物，其生长根本无须种子。蕨类植物和苔藓没有种子和花朵，它们产生孢子。孢子有点类似种子，但也有些重要的区别（等会儿再详细讲）。还有一类植物叫水藻，它们生活在水里，孢子或种子都没有，它们靠其他的方式繁殖。

大约3亿5千万年前，灌木丛般的苔藓丛林被更加壮观的树状蕨类植物林所取代。昆虫与蜘蛛样的动物出没其间，这些植物给它们提供了更多的食物、更好的保护。在水中，一些鱼类的鱼鳍进化成了腿，使它们可以在岸上行走。它们成了原始的两栖动物，是青蛙、蟾蜍与水螈的祖先。

正是在这段时间里，一些蕨类植物的孢子进化得更大了，有了一层防水的外皮，内部含有大量的淀粉。它们是第一批种子，在不利的环境中，种子里储存的淀粉食物可以给新生植物一个有利的开局。防水外皮可以使种子在干旱、恶劣的地方存活，而孢子在那样的地方却没有存活的机会。

当博物学家达尔文写作他的名著《物种起源》时，他在自己肯特郡的家中做了些实验，展示不同的种子能在海水中存活多久（大多数种子喜欢淡水，因此海水可算是恶劣的生存之地了）。以此为基础，他作了一番计算，显示这些种子在海洋中可能漂流的距离。这一点非常重要，因为在达尔文的时代，人们不明白植物何以会在那些荒岛上生长，除非它们是特意为那里创造的。达尔文要展示种子可以漂洋过海到达那些岛屿，一旦到达那里，它们会进化成新的物种。

种子的防水外皮不仅能帮助它们在旱地和海洋中存活，而且还可能保证它们存活很长的时间。在 2005 年，以色列的科学家成功地使一枚 2000 年前的种子发芽。

种子的所有这些优势帮助早期的种子植物在几百万年前大获成功。所以，下一次当你走过一片草地、穿上一件棉衬衫或者吃掉一碗燕麦粥时，请想想这些植物的祖先，想想它们在学会了储存能量、“穿”上了防水衣以后，如何演化出今日地球上这数以百万计美丽的、有用的植物。

卡伦·詹姆斯（Karen James），美国生物学家。她发起并指导了“贝格尔号计划”，旨在重现达尔文在 19 世纪 30 年代所进行的环球航行。

66. 盖伊·福克斯为何如此淘气？

菲利帕·格雷戈里

盖伊·福克斯[1]打算把英格兰国王炸上天，他的淘气可真算是无以复加了。要知道，即使在1605年，刺杀国王也是件坏事。不过盖伊会说那是唯一可以挽救英格兰天主教信仰的手段。盖伊（也被叫作吉多 Guido）是一个天主教徒。天主教徒也是基督徒，他们相信神父在弥撒上赐给的葡萄酒和面包，不仅象征着主耶稣的鲜血和身体，而且确实成为主耶稣的鲜血和身体。在欧洲，所有的基督徒都曾经相信这点，直到宗教改革者开始认为：尽管面包和红酒应该被称作“身体和鲜血”，但它们实际上并没有真的发生变化。

像许多宗教上的争论一样，这一个本该也只停留在口头上。但亨利八世国王和他的女儿伊丽莎白一世女王[2]使这种新教成为英格兰唯一合法的宗教。于是，那些依然信奉天主教教义、依然尊奉教

---

① 盖伊·福克斯（Guy Fawkes），英国军人，天主教徒，由于不满英国王室对天主教的压制，遂决定刺杀英王詹姆斯一世。后被人告密而被捕，遭严刑后被处死。

② 亨利八世国王由于教皇不同意他的离婚和再婚而与罗马天主教会决裂，转而支持新教在英国的发展。其再婚所生的女儿伊丽莎白一世女王继位后同样无法得到教皇的认可，所以继续其父的反天主教立场，对天主教徒进行了残酷的迫害。

皇的人们发现，他们自己成了罪犯，面临着严厉的惩罚。

在伊丽莎白女王之后，詹姆斯一世成了国王，盖伊·福克斯觉得，他必须阻止新国王继续在英格兰强制推行宗教改革。他认为最好的方法是在议会开幕时，将国王与其他许多大人物一起炸上天。

他和另外 4 个人一起搜集了 36 桶火药，但他的计划暴露，守护火药的盖伊被抓住，他被带进伦敦塔，遭严刑拷打后招认。

他被判决执行一种可怕的死刑：勒绞、开膛、分尸。方法是：勒住犯人的脖子直到他半死，然后把他放下，随后割开他的肚子取出胃和肠子来，当着犯人的面把它们烧掉，直到罪犯死去。最后，犯人被分尸，各个部分被送往王国的四方，好让每个人都知道叛国者会遭到怎样可怕的惩罚。

事情很清楚，盖伊只是做了他认为上帝想让他做的事情，甚至险被刺杀的詹姆斯国王也清楚这点。但是盖伊并没得到丝毫宽恕。盖伊可谓将淘气进行到底了，他设法逃脱了行刑过程，没有受到那些骇人的痛苦折磨。当被带上绞刑台后，他趁机跳了下去，摔断了自己的脖子，很快便死了。

为了庆祝国王的平安和英格兰的和平，许多人点起了篝火。后来，政府下令每年 11 月 5 日都要进行庆祝，这便是“篝火之夜”[1]，那个被放进篝火中焚烧的“男人”玩偶，象征的正是盖伊·福克斯。

菲利帕·格雷戈里（Philippa Gregory，1954—），著名的英国历史小说家，爱丁堡大学文学博士。她被誉为“英国皇室小说女王”，她的多部作品都被好莱坞搬上银幕，其中包括著名的《王室双姝》（*The Other Boleyn Girl*）。

① 篝火之夜（Bonfire Night），为庆祝国王脱险而在每年11月5日举行的纪念活动，固定仪式是点燃篝火，向火中投进一个象征盖伊·福克斯的纸人。现已成为英国传统节日。

67. 为什么南极有企鹅而北极却没有？

瓦尼萨·博洛维茨

尽管企鹅的足迹并没有深入到南极腹地，但它们确实愿意生活在南极附近的冰冷海域里。

它们能在那儿悠然自得，是因为它们拥有着我见过的最佳御寒装备。企鹅体表长有羽毛，羽毛彼此像屋瓦一样紧扣在一起，形成一件密封的、防水的“外衣”，而其下还有多层蓬松的羽绒；一身可爱的肥膘也有助于它们保暖。企鹅要是想迁徙到北半球的北极去可要吃大苦头了，因为想要到那儿，就必须游过温暖的赤道海域。可以想象它们该会多不舒服呀，就如同你或是我，在火热的骄阳下穿着滑雪服跑步一般。

当我们拍摄电影《冰冻的星球》的时候，我吃惊地发现：在南极的夏季，纵使从来不比一个温和的英国冬日更暖和，企鹅却要特别努力地给自己降温。在看到我们拍回的头一组镜头时，整个摄制组都笑了，我们看到帝企鹅在湿冷的沙子上笨拙地扑倒，好给自己的腹部降温，并用裸露的粉色脚蹼来散热。企鹅宝宝更加滑稽，为了降温，它们来了个泥浆浴，等出来时个个看起来好像在融化的巧克力中蘸了一遍似的。

假如企鹅沿途没热晕过去而到达了北极，它们就会撞见另一批

地球南部海域是企鹅天然的家园。在南极，企鹅不必担心它们的巢穴遭袭，没有捕食者在那里生活，猛兽的祖先没有一个能穿过汹涌冰冷的海洋到达南极。

黑白色的鸟，那是海雀（Auk），长得很像企鹅，但它们会飞而企鹅不会。不会飞也是企鹅不去北极的一个很好的理由，因为它无法逃脱北极熊和北极狐的抓捕。夏季，这些动物在筑巢的鸟群周围出没。

在南极，企鹅不必担心它们的巢穴遭袭，没有捕食者在那里生活，猛兽的祖先没有一个能穿过汹涌冰冷的海洋到达南极。由于不必再逃避猎食者了，一些种类的鸟（企鹅的祖先们）失去了飞行的能力。企鹅的翅膀变得又粗又短，像鱼鳍一般，在水中用来划水。

我很幸运，在南极上空航拍时从空中看到了企鹅游泳。我马上认识到了，企鹅是在用另一种方式飞翔，在海洋里飞翔。那是我看到的最美丽的事情之一，如同在欣赏水中芭蕾。

人人都会想起企鹅行走时的憨态和蹒跚的步履，但只有见识了它们优雅的泳姿，你才会认识到，这片冰冷的南部海域是它们天生的家园。

瓦尼萨·博洛维茨（Vanessa Berlowitz），英国电视纪录片制作人，是该领域难得的女性导演。她为BBC拍摄的纪录片《地球无限》（*Planet Earth*）以及《冰冻的星球》（*Frozen Planet*）以令人震撼的真实画面使全球观众为之屏息。

68. 谁是第一个美术家？

迈克尔·伍德

这是一个很好的问题，你问的正是时候，人们刚刚有了一个惊人的发现。在南非海边的布洛姆博斯（Blombos）洞穴里，发现了一套史前时期的画具，它的历史可能超过了 9 万年！人们找到了被切割过的贝壳，里面剩有红色和黄色的颜料，还有打磨过的石头和骨质刮板，用以调和颜料。我认为这些画具的制造者可能用手指在身体上和洞壁上画画。

人类是富于创造的生物，甚至在学会说话之前，一定就已经是画家、雕刻家、造型师和木雕家了。不过，谁是最早的美术家呢？世界各地都发现了史前绘画，在许多画中，人类驰骋的想象力令人无比难忘。看着澳洲土著所画的迷宫般的几何图形、印度的神秘宇宙图案或者法国南部洞穴中的旋涡状狩猎景象，你触碰到了艺术创造的神秘之处。这些都是祖先传递给我们的信息，他们需要绘画，需要将自己对天地万物的感受保留下来。

当然，我们永远不会知道谁是第一个美术家，但他们确实都是美术家。比如这个小小的古代女性雕像，她叫“费尔斯洞穴的维纳斯（Hohle Fels Venus）”，发现于 2008 年，雕像只有 6 厘米高，刻在猛犸象的象牙上。当你看着她时，你能看出，雕刻她的人一定无与伦比的敏感。这雕像来自 4 万年前，在那一时期，美术（也许还有音乐）似乎发生了极大的飞跃。

那么，最早的伟大作品是什么呢？候选者很多，但我最喜欢的早期绘画是西班牙阿尔塔米拉岩洞里的绘画。我第一次对它们着迷时还是个孩子，毫不夸张地说，至今它们仍令我深感敬畏。画上，动物是那样不可思议：浓烈的亮橙色野牛裹着黑色的镶边，它们的动作活灵活现。当 19 世纪这些画头一次被发现时，有人断定它们是近代的伪作，因为这些人料定史前的人不可能有如此技巧、智力或想象力来创造出这般杰作。但他们大错特错了！

迈克尔·伍德（Michael Wood，1948—），英国历史学家、电视主持人及制作人，皇家历史学院院士。他制作并主持了大量历史纪录片，包括《印度的故事》(*The Story Of India*)、《寻找黑暗年代》(*In Search Of The Dark Ages*)等。由于相貌英俊，他深受女性观众的喜爱。

69. 我是由什么组成的？

劳伦斯·克劳斯

星际尘埃，差不多吧。

你身体里的一切，以及你周边的一切，都是由极小的叫“原子”的物质组成的。不同种类的原子被称为元素，在你的身体中，氢、氧、碳是三种最重要的元素。

水是身体中最主要的成分，你的身体几乎90%都是水。每个水分子包含两个氢原子和一个氧原子，氢原子的重量很轻，氧原子重一些。

其实原子是由更小的粒子组成的，它们是质子、中子和电子。质子和中子又由更小的粒子——夸克（Quark）——组成，就我们目前所知，没有什么更小的粒子组成电子和夸克了。

那么，你为什么是星际尘埃组成的呢？

我们的宇宙开始于130亿年前的一次大爆炸。不过，在那次爆炸中，质子、中子、电子仅组成了最轻的元素，而诸如氧、碳等较重的、对身体至关重要的元素，却是在炙热的熔炉般的恒星中心形成的，那里的温度可以超过一亿度。

那些元素又是怎样进入身体的呢？很久以前，一些恒星爆炸了，它们内核里的所有元素都被喷射到了太空里，那些元素因而有机会到达这里，以形成我们地球上的所有物质。然后，在大约45亿年前，在银河系中我们这部分，那些太空里的物质开始崩塌，这样便形成了太阳，形成了太阳系，也形成了所有生物的物质基础。

因此，组成你身体的绝大多数原子都是在恒星内部创造出来的！组成你左手的原子与组成你右手的可能来自于不同的恒星，你无疑是恒星之子。

劳伦斯·克劳斯（Lawrence Krauss，1954—），美国理论物理学家、宇宙学家，亚利桑那州立大学教授。他是美国著名物理学家，同时也是畅销书作者，其中《星际迷航物理学》（*The Physics of Star Trek*）、《宇宙始于虚无》（*A Universe From Nothing*）深受好评。

70. 飞机是如何飞行的？

大卫·鲁尼

当你头一次乘飞机时，会觉得这个装满了人和行李的大家伙应该飞不起来。重家伙理应待在地上，像飞机这样特别重的家伙确实应该待在地上。

但是不必担心，看看飞来飞去的鸟儿，它们挺重的，却有办法待在天上。鸟儿能飞，是因为利用了一个大自然的小窍门。

你一定见过飞机两侧伸出的长东西，那叫机翼；如果你坐过飞机，也会知道，在起飞之前飞行员会把飞机开到一条长路的尽头，那路叫跑道；然后，飞机调过头，沿着跑道飞快地疾驰起来（对我来说这是整个旅行中最令人激动的部分）。

现在，大自然飞行的窍门起作用了，随着飞机的前行，空气流过机翼，就如同你向前猛跑时会感到耳畔生风一般。

顺带提一下，机翼的形状是带有一点儿弧度的扁平形，这种形状使得空气在流过机翼上下两面时必须改变方向，当气流方向改变时就推着机翼向上了。我不能确切地解释其原因，事情就那样发生了。

所以，只要飞机前进，空气向上推动机翼，飞机就能飞翔了。

现在，你可能在想飞机如何能前进得如此快呢？这是发动机的功劳。现今的多数飞机都有两个或四个发动机，且多数是喷气式发动机（因而有时飞机又叫“喷气机”）。

喷气式发动机烧液体燃料，比如汽油。在燃料燃烧之后，发动机向后喷出一股极热的气流，这股热气流推动飞机向前飞行，或者（在风扇式引擎中）推动风扇旋转而使飞机前进。你可能发现喷气发动机格外吵，这都是燃烧燃料时所发出的声音。

飞机上还有许多其他的部件，比如，它如何转向呢？怎样减速呢？在飞机的机翼上和尾翼上有一些活动的阻力板，飞行员操纵这些襟翼向上或向下移动，从而使飞机加速，减速，爬升，俯冲，向左，向右。

关于飞机如何前进、起飞、转向和着陆，上述都是一些最基本的解释。的确，飞机是非常了不起的东西。

大卫·鲁尼（David Rooney），在伦敦科学博物馆工作，他的任务是照顾大量的交通工具，其中包括飞机、汽车、自行车、卡车、公共汽车，以及大量的模型。

71. 什么动物力气最大？

斯蒂夫·伦纳德

这是个难题。显然，我们可以看看哪种动物举起的东西最重，很可能是大象。有记载称亚洲象能用鼻子举起的重量是 300 公斤，还挺不错的；但如果用皮绳绑住圆木，然后让大象叼住皮绳，它能拉起的重量多达 500 公斤，相当于半部小汽车的重量。似乎挺多的，不过跟大象的体重相比，这点重量又不算什么了，就好像我用一只手就能轻松拿起 9 包糖一般。

所以，也许应该把肌肉力量同体重相对照。世界上最强壮的人能举起自己体重两倍的重量，这相当了不起，不过同其他一些动物简直没得可比。雄性大猩猩非常强壮，能举起 10 倍于自己体重的重量，比人类强壮 5 倍！不过相对于身材，世界上最强壮的动物是昆虫。南美切叶蚁（Leafcutter Ant）能够举起 50 倍于自己体重的叶片，这就仿佛我把一头雌性亚洲象举在空中一般。

不过还有更厉害的，屎壳郎能举起 1141 倍于自己体重的重量，如同我举起 6 辆双层巴士一样！一些更微小的动物也许更为强壮，可很难让它们去举东西。

斯蒂夫·伦纳德（Steve Leonard，1972—），英国兽医、动物节目主持人。他成功出演了《兽医学校》（*Vets' School*），随后同 BBC 自然历史摄制组走遍了世界各地。他与兄长还开设了一家兽医中心。

屎壳郎能举起 1141 倍体重的东西，如同人能举起 6 辆双层巴士一样！一些更微小的动物也许更为强壮，但我们很难让它们去举东西。

72. 谁给所有的城市起名字？

马克·福赛思

城市的名字往往得自于附近的居民，一般是描绘那地方的样子，有的一目了然，有的却不明显。

纽卡斯尔（Newcastle）和牛津（Oxford）很简单：地方上新（new）建了一座 castle（城堡）所以就称之为 Newcastle（新城堡）；河上有处浅滩（ford）可供牛（oxen，ox 的复数）涉水过河，就叫它 Oxford（牛涉水处）。

但由于语言发生了变化，有些地名原来的意思就不容易看出来了。想想看，有多少你在游乐场用的词爷爷奶奶根本就听不懂；想想他们用的那些可笑的短语，听起来真有点过时。这些都没什么新鲜的，你爷爷奶奶小时候也一样，多少世纪以来一向如此。

因此，你的太太太奶奶没准把“泥泞（muddy）”说成“肝脏（liver）”，她听到有人来自利物浦（Liverpool），也许就会知道那个城市挨着一条满是泥沙的河。

而你的太太太爷爷听到 Birmingham（伯明翰）这个名字时，或许会说：“哦，那是伯姆（Birm）家族的农庄。”

想找到明白伦敦（London）为何物的人恐怕得到 100 代前了，它大概的意思是“一个靠河的地方，所靠的河深得没法趟过去”。

显然，城市得其名也有其他的途径。亚历山大大帝（Alexander the Great）为自己建了一座城市，并将其命名为“亚历山大（Alexandria）”；苏丹的首都喀土穆（Khartoum）意思是“大象鼻子的末梢”，但我至今不明所以。

马克·福赛思（Mark Forsyth），英国作家。他是著名的博客作者，其博客“The Inky Fool”颇为流行，并最终结集成为一部有趣的新书《词源》（*The Etymologicon*）。

73. 如果没有骨骼我看起来会是啥样？

乔伊·盖林·伦登伯格

假如你没有骨骼，你没准儿能像皮筋那样拉伸自己的胳膊，或者能把自己摊平从门缝里钻过去，或者像哈利·波特里的变形兽那般变形！

不过也会有不良后果。受到重力作用，你的身体恐怕很难维持它应有的形状，多数情况下，你躺在什么器物中，你就变成了什么器物的形状，无论是箱子还是碗。就如同杯中的水或模子中的果冻那般。如果没有什么东西盛着你，你看起来很可能像是一大坨颤巍巍的、刚洒到地板上的果冻。

骨骼给予你轮廓，提供内部框架帮助你保持体形。它为肌肉提供可以攀附的表面，它还构成了关节，那是一些像滑轮和杠杆般的器官。没有坚硬的部位使肌肉受力，没有关节提供的机械优势，你会变得非常虚弱和疲惫，因为你不得不用更多的能量去挪动胳膊和腿。

如果你选择生活在水里，你会接近失重状态，因而在移动时不会感到特别疲劳。你看起来可能像水母、乌贼或章鱼什么的。我曾解剖过一条大乌贼，见识过它的身体有多么与众不同。这些动物没有骨骼，身体的柔韧性却令人惊叹，几乎任何部位都能大幅度弯曲，不像我们只能在关节处弯曲。想象一下，要是你的胳膊卷曲成一个螺旋会怎样。

说到此我想起了自己曾解剖过一根大象的鼻子，它没有骨头，仅靠肌肉的作用便能向好几个方向弯曲。乌贼手臂的工作方式与此相似：当一侧的肌肉收缩时它弯曲，当所有的肌肉同时收缩时它回缩变短，当外环肌肉像攥拳一样收紧时它伸长。这最后一种动作可以把内部的液体挤向末端（就像你用手挤一管牙膏似的），也可以把胳膊向前方猛射出去。

我在一次潜水时同一条巨大的太平洋章鱼有过一次激动人心的邂逅。我爱看它如何变换自己的形状：皱起皮肤，这使它看起来像块石头或一团海草；摊平四肢使它看起来像是飞机的机翼；或者在身躯下卷曲和伸展手臂使它很像是滚动的车轮。

最激动人心的时刻是它伸出手臂来触碰我（此前，它蜷缩在我的脸上，吸盘贴在我的潜水面具上遮住了我的整个视线），它展开身子探出手臂的动作让我想起了节日里的彩带喷筒！

乔伊·盖林·伦登伯格（Joy S. Gaylinn Reidenberg），美国比较解剖学家，纽约蒙赛纳医学院（Mont Sinai School Of Medicine）教授。由于在纪录片《解剖巨兽》（*Inside Nature's Giants*）中所做的出色解剖，她声名鹊起。

74. 牛污染空气吗？

蒂姆·斯米特

是的，牛污染环境，不过它们也做好事情。

首先要知道，牛是如何污染环境的？这全取决于它们吃什么、怎么吃。与你我不同，牛的胃有 4 个隔间，这可以帮它们吃那些粗糙难嚼、不易消化的草。它们将吃下的草暂放在胃的第一个隔间里，过后可以将草取出来细细地咀嚼，这就是为什么牛看起来总像是在嚼口香糖似的。

它们胃的第二部分充满了有助消化的细菌，可以进一步将草弄碎。在这个过程中产生一种难闻的气体——甲烷，牛会呼出这些气体。人类有时也产生甲烷，特别是吃很多炒黄豆时，但我们用身体的下部释放甲烷，“噗”，抱歉！

哦，顺带提一句，牛的第三、第四个隔间干的事同我们的胃差不多，它们跟污染关系不大，所以就不再多说了。

还是谈那难闻的污染气体吧。甲烷是一种温室气体，像二氧化碳一样如同是地球的气“毯子”，让热量无法散失，加助气候变化。甲烷保温的能力比二氧化碳更强，它的来源除了牛的呼吸和其他动物的“尾气”以外，还包括石化燃料（煤炭、石油）、湿地的沼气，以及水稻田所产生的气体。家畜（牛、羊等）所产生的甲烷与石化工业所产生的数量大体相当，却要少于湿地沼气，更远远不如水稻生长所产生的甲烷气体。

少吃肉意味着减少养牛的数量，从而减少甲烷的产生，这是帮助减少温室气体的一条途径。可是养牛也有很多好处。有些土地不适合种植庄稼（小麦或大豆等），却适宜生长动物吃的牧草；同时，全球约有 10 亿人依靠牲畜来谋生，在农村有 8.8 亿的贫困人口（每日生活费用低于 1 美元），其中的 70% 依赖牲畜。家长们在买肉类时可以查看一下产地，看能否更多地帮助他们。

你还可以做许多事情来减少温室气体的排放，比如节约能源，在不用时关掉电灯、电脑和电视；帮助家长减少汽车的使用，参与物品的循环利用，与朋友及家人交换看法，用你的想象力创造更多的新点子。

谈到新点子，澳大利亚的科学家发现：袋鼠肠道里的细菌所产生的甲烷气体比牛的肠道菌产生的甲烷气体要少，于是，他们正尝试着看如何将袋鼠的肠道菌移入牛的胃中，这会对环境更加有利。

蒂姆·斯米特（Tim Smit，1954— ），荷兰裔英国商人。早先是一名考古学家，后经营音乐生意，成为音乐创作人和制作人，先后出品了 7 张白金唱片。他最为人们所知的是创立了“伊甸园计划（Eden Project）”，即在英国康沃尔郡废弃的矿区建筑了一个世界最大的室内植物园，向人们展示生物的多样性，教育人们爱护环境。该工程屡次被英国民众评选为最受喜爱的工程项目，为此，在2011 年他被封爵。

75. 作家如何获得灵感？

菲利普·普尔曼

我想你拿这个问题去问 10 个作家，很可能会得到 10 种不同的答案。在古代，诗人们信仰缪斯（Muses），她们是些神仙，职责是激发艺术家的想象力。一共有 9 位缪斯，一个负责史诗，一个管悲剧，一个管舞蹈，等等。诗人和音乐家会向缪斯祷告，或向她敬献礼物，祈求她赐给自己灵感。

我认为如今已没有人再信仰缪斯了，但我理解为什么过去的人会对她们着迷。灵感的到来很神秘莫测，自称是作家并不能保证你会有好的灵感。灵感似乎来自某个黑暗之处，并且来得毫无理由。

但做好充分的准备是很必要的。当人们问我灵感从何而来时，我有时会说："我不知道它们从哪儿来，但我知道它们要到哪儿去：它们要到我的书桌上，而如果我没坐在书桌前，它们又会离开的。"换句话说，不管你是真的坐在书桌前，还是在别的什么地方，你必须时刻预备着识别灵感，并为此做好准备。

当我在学校时，我发现打板球时更有机会获得灵感。原因是我对击球或抛球都不在行，也抓不住来球，所以我通常被派到场地的最远端，在那儿，我可以袖起手来处于半梦半醒的状态，头脑在那种状态下特别有助于灵感的到来。实际上我觉得，我生活里绝大多数的时间都处在那样的状态下。

一些作家随身带个小本儿，一旦有了什么想法便赶紧记下来，那办法也许对你管用。不过我试过很多次，却不起作用，因为一旦有了一个好的想法，我的头脑就会被它紧紧缠住，就如同你郊游时衣服被芒刺紧紧勾住一般，我怎么努力都摆脱不了它。

灵感可以来自任何地方。许多灵感来自于阅读，从其他作家那里得到启发没什么不对的，我们中的多数人开始时都被所读到的东西震撼过，想要模仿它。还有许多灵感来自于观察周围的人，聆听他们的谈话。

不过，有了好的灵感还仅仅是开始，你随后要做的是用它来编故事。一些人觉得作家有了灵感就万事俱备了，其实不然！很多人都有好的想法，但很少有人能真的写出一篇故事来，灵感只是艰苦工作的开端。

然而不必担心：如果你肯不断地努力，即使在感觉不好时也不懈怠，那么缪斯会看到你的行为并给你回报的。而且，当你被一个难题煎熬了好几周，突然有了个绝妙的主意来解决问题时，那感觉是最为美妙的。这种事情确实会发生，这也是我至今还有点儿相信缪斯的原因。至少，我对她们怀着极大的敬意。

菲利普·普尔曼（Philip Pullman，1946—），英国作家。他的小说三部曲《黑暗物质》（*His Dark Materials*）为他赢得了世界性的声誉。《泰晤士报》将他列为“1945年后最伟大的50位英国作家”之一。

76. 为什么男人长胡子而女人却不长？

克里斯蒂安·杰森

你也许还会问："为什么男人和女人看起来不同？"这主要是由于体内有两种聪明的激素，在你 13 岁左右到达青春期时，它们开始真正发挥作用。这些激素是雌激素和睾丸素。在青春期以后，是它们使你看起来更像个成年人，也使你有了明显的性别特征。

雌激素在女孩体内更加活跃，它促使乳房长大，也与其他女性部位的成长有关。它还令女孩的头发长长，并阻止她们脸上长出胡子来。

睾丸素在男孩体内更加活跃，它使男孩的声音变得低沉，还使他们长得更高，肌肉也更为发达。它也使男孩的脸上和身体的其他部位长出毛发来，但却会减慢头发的生长。因此，你可能看到过一些男人留着大胡子却谢了顶！

所以，关于你这个问题——为什么男人长胡子而女人却不长——的答案是：和女人相比，男人体内有更多的睾丸素。

有时候，由于某些问题导致女性的体内也分泌出大量的睾丸素，此时如果她们不请医生帮助恢复体内激素平衡的话，你猜会怎样？她们也开始长起了胡子。

人体内有两种聪明的激素，一种是雌激素，一种是睾丸素。和女人相比，男人体内有更多的睾丸素，就是这种激素使男人长胡子。如果有的女人体内也分泌出大量的睾丸素，结果你也能猜出来。

克里斯蒂安·杰森（Christian Jessen，1977—），英国医生，电视主持人。其主持的节目有《令人尴尬的身体》（*Embarrassing Bodies*）、《超胖对超瘦》（*Supersize vs Superskinny*）等。作为伦敦的一名临床医生，他目前关注性安全与艾滋病防御问题。

77. 糖对身体有害吗？

安娜贝尔·卡梅尔

人们都天生喜欢甜的东西，科学家相信这是因为那些有毒的食品（比如某些浆果）都天然带有苦味，所以甜味自然同安全的食品联系在了一起。

并不是所有的糖都不好。在食物中（比如水果中）你可以找到天然的糖类，只要你不吃得太多，这些形式的糖就不会对你有害。

各种经工业加工过的食品中都会添加糖，特别是一些浓香的食品，你可能根本想不到它们里面也加了糖，这些食品包括各种各样的汤、调味酱、比萨饼、薯片以及各种方便食品等。这意味着你在不知不觉中吃下了很多的糖。

许多早餐麦片都含大量的糖，有时竟高达总重量的35%。这样开始一天可不怎么样，它们没有为整个上午提供足够的可以持久的能量。现在人们在争论是否该将这些麦片转移到超市的饼干货架上销售！我的建议是，如果你在某种食品的标签上看到排在头三位的成分里有糖，就该把它放回货架。

不要吃太多糖的理由很多，其中之一是糖对你的牙齿有害。你可以做个实验，将一颗脱落的牙齿放入一杯汽水里（如果手头没有牙齿也可找枚硬币代替），过上几个小时，看看牙齿或硬币发生了怎样的变化。

随意吃糖对牙齿的伤害最大，所以最好将含糖食品作为正餐的一部分，而不要当作两餐之间的零食来吃。

如果你每天吃太多的糖，也会危害你身体的其他部位。吃糖可以改变你的行为习惯，你吃下的糖进到血液中，提供给你一股能量，这时身体就会产生一种叫胰岛素的物质，来应对这些糖。这股能量不会持续很久，一旦它消退你就会感到非常疲倦。如果你吃了许多的糖，你的血糖水平就会持续地升高、降低、升高、降低。你的身体并不需要这么多的糖，所以多余的便被储存了起来，导致你的体重超过健康的标准。

安娜贝尔·卡梅尔（Annabel Karmel，1963—），育儿专家。她写了大量的育儿书，教父母用正确的方法喂养孩子。2006年，由于在儿童营养方面的成就，她被授予“不列颠帝国员佐勋章（MBE）”。

78. 埃及人是如何建造金字塔的？

乔伊斯·泰尔德斯利

古埃及人并没有电力和复杂的机械工具，也没有众多的奴隶充当劳动力。金字塔是依靠人力建造的，几千名工匠从全埃及的乡村和城镇来到建造金字塔的工地。他们在工地上安营扎寨，辛苦劳作上几个月，直到新的工人来替换时才返回家乡休整。一小队熟练工匠、石匠和建造师负责督导工人。由于古埃及没有货币，工人获得食物和饮料作为报酬。

虽然金字塔从外面看起来或多或少全是一个样子，可建造的方式却不尽相同。在一些金字塔中，存放国王尸体的墓室在地下，而在另一些金字塔中，墓室则在地上。

建造石头金字塔的第一步是要弄平地面，然后量出塔基的四边；巨石块在当地采石场用非常简单的工具（铜制的凿子和锤子）进行切割，然后用木质滑橇拖到建筑工地。利用搭建的坡道，工人们把石块搬到金字塔的高层上。

一旦基础形状完工，便在它的外面铺上一层非常昂贵的白色石头，这些经过了打磨抛光的石头在阳光下闪闪发光。金字塔顶端的石头被称为“顶角锥（Pyramidion）”，有时会包金，使之更加熠熠生辉！

乔伊斯·泰尔德斯利(Joyce Tyldesley)，英国考古学家、埃及学专家，牛津大学史前考古学博士。她在曼彻斯特大学（Manchester University）讲授埃及学课程，她还创建了一家出版公司，专门出版严肃而有趣的有关埃及的书籍。

79. 为什么夜晚的天空是黑暗的？

克里斯托弗·波特

人小的时候总是爱问问题，随着年龄增长，常常会觉得不好意思而停止了发问，也许是不愿承认自己的无知吧。这很遗憾！问问题非常重要，爱因斯坦之所以成为伟大的科学家，部分原因便是对人人以为理所当然的事情他却要问个究竟。

“为什么夜晚的天空是黑暗的？”乍看起来这是一个十分浅白的问题，人们随口就能回答：“因为晚上太阳落山了。”但这个解释并未能真正回答问题，因为它暗示了太阳是移动的，而实际上太阳看起来只是在地平线以上移动。真正运动的是地球，它绕着轴心自转，使得太阳看起来好像从天空中划过一般。因此，即使这个简单明了的答案也使我们思考到了地球与太阳之间的运动关系，而且可能自然地导出另外一些问题，比如：“我们是如何知道地球在移动的呢？”

有时，对所提的问题发问是一种思考问题的好方法：夜晚的天空真的是黑暗的吗？

如果你住在偏远的乡村，远离街灯，你就会注意到甚至在没有月亮的夜晚，来自遥远恒星的星光仍把夜空照得相当明亮。多少世纪以来，一些敏锐的思想家总在想：为什么夜空不能更亮一些呢？

如果像许多哲学家和科学家认为的那样，宇宙是永恒的，如果无限的宇宙有数量无穷的星星，那么确实，这无数星星所发出的星光应该将夜空照得相当明亮，夜空根本不该是黑暗的！

不过，想象一下宇宙空间是不断膨胀的，在一个不断膨胀的宇宙里，遥远星星所传来的星光也不断远离我们，这也许便足以解释夜空为何如我们所见这般黑暗了。

因此你的问题——“为什么夜晚的天空是黑暗的？”——实际上是一个相当深奥的问题，它涉及宇宙是否是无限的。而科学家也被这个问题困扰不已。

克里斯托弗·波特（Christopher Potter，1959—），英国作家、出版家。他出版了广受好评的科普读物《你在这儿》（*You Are Here*）。

80. 拿不定该画什么的时候你会怎么办？

特雷西·埃米恩

我常发现自己无法创作，每到这时我就会出去干点儿其他事情。我通常会去参加聚会，玩多米诺骨牌，外出就餐，或者去游泳，去远足，去购物，去做那些平常的事情。

我多半会在子夜一点到三点之间醒来，一直保持清醒大约两至三小时。那时我本该去干活，但做不到，因为我虽醒了，却又没清醒到可以穿好衣服去工作室的地步。但现在，我在 iPad 上装了个画画的软件。在那上面画画同我习惯的方式很不同，因为我要用手指头在上面画，而且由于睡意蒙眬，画画时只用了一半脑子。好在这些画往往画完即丢，这使我感觉更为自由。

对我而言，阅读和游泳是最佳之选，游泳可使我的身体感觉愉悦，大脑便开始了运转；阅读让别人的想象补充进了我的头脑，缓解了我的紧张。

我是个美术家，需要进行艺术创作，不创作我的生命将没有意义，我将会失去信心并忘记自己到底是谁。

特雷西·埃米恩（Tracey Emin，1963—），英国美术家，皇家艺术学院美术教授。她被授予了“不列颠帝国司令勋章（CBE）”，被 BBC 电台评为“最有影响力的 100 位英国女性”之一。曾为伦敦奥运会绘制招贴画。

拿不定该画什么确实让人沮丧，就像脑子停止运转。这个时候去干点别的会更好，它们也许能帮你的脑子转起来。

81. 人们是如何发电的？

吉姆·阿尔卡里里

要解释我们如何发电，首先得了解电是由什么组成的。认真想想会觉得一切就像是在变戏法一般，甚至很多成年人都搞不清其中的道理。也许你已问过大人们这个问题了，却没得到满意的回答。好的，我会尽力而为的。

电之所以如此神秘，是由于看不到它。这种看不见的能量可以点亮灯泡，可令电脑、电视以及非常多的东西运转。我想它有点儿像驱动汽车奔跑的汽油，不过，至少你能看到汽油，还能闻到它，即使你不甚了解发动机在怎样使用汽油。

与电相关的事情却是看不见的。这当然与魔法无关，而是因为组成电的东西太小了，根本无法看见。它们叫作电子，是些极端微小的物质，围着内层的原子快速转个不停。而原子到处都是，宇宙里的所有东西，包括你在内，都是由无数的原子组成的。

电子携带着电荷，这使它们的行为很像一个个小磁铁。电子之所以被陷在原子内部是因为每个原子的中心都有一个强有力的原子核，它将电子拉向自己。

正常情况下，处于原子中心的原子核与在四周旋转的电子之间会激烈地拉锯，使得原子忙于应付，几乎无暇顾及周围的其他原子。当一些电子设法逃脱原子的控制后，有趣的事情便发生了：电子可以像军人一样整装齐发地通过某些物体，例如金属，这时便形成了电流。它们是以非常高的速度在移动。

电子如此运动的原因在于它们受到了一些原子的拉拽，这些原子失去了外围电子，急于要填补空缺；与此同时，电子还受到另一些原子的推挤，那些原子由于填进了太多的电子而不想要更多的电子了。于是，无数的小小电子沿着导线如此这般嗖嗖移动，便形成了一股电流。

好的，现在我已给你讲了电是什么，接下来便要讲怎样发电。

我们需要某些方法把许多许多的电子从原子中拽出来，然后储存在某处，比如电池里，然后在需要时很方便地将它们释放出来去发挥作用，例如点亮一个灯泡。

有很多方法可以用来大规模地发电，但通常是用蒸汽使一种特殊的马达旋转，这种马达被称为“发电机”。

当然，做到这点可不容易。我们首先需要用能量将水加热，使之转化成水蒸气。所需的能量可以来自原子本身（称为核能），也可以来自太阳、风力，或者通过燃烧煤炭那样的燃料获得。发电要涉及许许多多不同的步骤，而最终你所需要做的只是扳一下开关或按一下电钮，随后这些小电子就可以大显身手了。

吉姆·阿尔卡里里（Jim Al-Khalili，1962—），伊拉克裔英国理论物理学家，萨里大学（University Of Surrey）物理教授。他在BBC电视台主持的系列片《原子》（*Atom*）获得巨大成功。他是英国人权协会(British Humanist Association)主席，在2008年被授予“不列颠官佐勋章（OBE）”。

82. 亚历山大大帝是否喜欢青蛙？

贝塔尼·休斯

你的问题真让我挠头，并令我生出各种稀奇古怪的想法。古希腊哲学家苏格拉底有一个著名的说法："浑浑噩噩的人生不值一过。"换句话说就是：时刻开启大脑，多问问题，不要对事物不假思索地接受。因此，感谢你的问题，它激励我进行了反复的思考。

亚历山大来自希腊（确切说是马其顿），他有许多事情都很知名：试图征服世界、与大象部队作战、他对荷马的热爱，等等。不过，没什么人会将亚历山大大帝同青蛙联系到一起。而且，好吧……从大约公元前342年起，亚历山大受教于哲学家亚里士多德。古希腊的哲学家都痴迷于对事物寻根究底，亚里士多德便是其中的一个。他一定常问自己问题，这有点儿像你。那些问题包括："为什么一个人会成为暴君？""一块石头如何成为雕像？""为什么蝌蚪会变成青蛙？"

亚里士多德的老师是另一位伟大的思想家柏拉图。柏拉图在一次谈到希腊时说："我们就像是生活在一个池塘边的青蛙。"他这样说是因为希腊人的大部分生活，比如战争、贸易、思想交流等，都涉及跨越地中海的旅行。一个雅典的剧作家阿里斯托芬[①]有一部获得巨大成功的喜剧就叫作《青蛙》，该剧写于公元前405年。还有一则伊索的寓言故事，叫作《男孩和青蛙》，讲的是一些淘气的男孩朝池塘里的青蛙扔石头，借以说明我们为取乐所做的事情常会给他人引来麻烦。

因而，古希腊人显然花了很多时间来思考和谈论青蛙，那么亚历山大又为什么会不同呢？亚历山大热爱荷马，他睡觉时枕头下放着一把匕首和一本荷马的《伊利亚特》。因此，他非常有可能读到过那首喜剧史诗《青蛙与老鼠的战争》（*The Battle of Frogs and Mice*），这首诗很多人认为是荷马写的。

无疑，亚历山大有关青蛙的经验不会仅仅来自于阅读。如果你有机会到地中海，远离20世纪人类制造的喧嚣（那些汽车、火车、飞机、手机等一切），步行走进乡间，那里，蛙鸣声扑面而来，嘹亮，婉转，此起彼伏，宛如一出青蛙演唱的歌剧。谢谢你的问题——我不会再用一成不变的方法思考亚历山大了。

贝塔尼·休斯（Bettany Hughes，1968—），英国知名历史学家、作家。她的兴趣主要在古代史，处女作《特洛伊的海伦》（*Helen Of Troy*）被译成10种文字，畅销全球。

① 阿里斯托芬（Aristophanes，约前446—前385），希腊喜剧诗人，生于雅典。他是苏格拉底、柏拉图的朋友，一生写了44部喜剧。

83. 我们的骨头是由什么组成的？

爱丽丝·罗伯茨

骨头是非常神奇的东西，你可能认为骨头是些白色的、硬而脆的、毫无生命的东西，其实，你身体中的骨头充满了勃勃生机。

组成骨头的物质非常硬，但就在这些物质中却有许多小的细胞。骨头是粉色的，因为里面有许多的血管。它又令人难以置信地坚硬，有如钢铁一般，但幸运的是骨头并不脆。事实上，打碎一根骨头相当困难，因为组成骨头的材料很巧妙地将坚硬的矿物质（含有大量的钙）同坚韧的蛋白质结合到了一起。

骨头的里里外外总在发生着变化。当你还在成长时，它们的尺寸和形状变化得非常明显；即使成年以后，骨头仍会有所变化。这是因为骨头里含有活的细胞，一类细胞被称为“成骨细胞”，可以产生形成新骨头的物质；还有一类细胞叫“破骨细胞”，会吃掉组成骨头的物质。成骨细胞与破骨细胞一起合作，使得整个骨骼总能根据需要改变形状和尺寸，承担起加给它的力量①。

假如你取来一根腿骨，将它一剖两半，你并不能看到细胞（细

---

① 骨骼里主要有三种细胞：成骨细胞、骨细胞、破骨细胞，它们共同作用，使骨骼不断地新陈代谢，始终处于破坏与重建的循环当中。成年人每年大约有 25% 的松质骨和 2%-3% 的密质骨参与这种循环。

胞需要用显微镜观察），但能看出骨头的中间和两端是不相同的。在腿骨的中间部分，骨质排列得就像一根厚实的管子，骨头中心盛着骨髓，成年人的骨髓大多是脂肪，而小孩的骨髓里则含有造血细胞。

骨头的末端看起来则是另一个样子：它的中间并没有盛骨髓的空腔，而是完全充满了一种海绵状的骨质，事实上，这种类型的骨就叫作“海绵骨”[①]，不过这种骨头可既不柔软也没有弹性，它其实非常的坚硬。

因为骨骼是活的，并且充满了细胞和血管，当它折断时便特别善于自我修复。为了修复断骨，要令折断处的骨头不能移动，因此医生要给发生骨折的胳膊或腿上上夹板或者打石膏。几周过后，新骨便会长出来，将断裂处重新黏合到一起。我希望你也赞同我的看法——骨头是神奇的！

爱丽丝·罗伯茨（Alice Roberts，1973—），英国解剖学家、电视主持人。她创作并出演了两集纪录片《别年纪轻轻地死掉》（*Don't Die Young*）。如今她是英国观众所熟知的解剖专家。

① 海绵骨（spongy bone），在医学术语中被译为“松质骨”。

84. 要是待在一条没有食物或没有水的船上，你会做些什么？

罗兹·萨维奇

很幸运，我从未遇到过那种情况。我总是带上一大堆食物，我还有个机器，可以用海水来制造饮用水。不过，假如我的食物吃光了，制水机也坏了的话，就只得靠自己的创造力了。

在食物方面，我可能会去抓鱼，但我真的讨厌这么做。我的船下总是聚集着一群鱼，时间长了，通过体形的大小或皮肤上的伤痕我便能认出它们每一个。我总是独自待在船上，终日只能与鱼相伴，有时我甚至对它们讲话。（要是哪天它们真的开始回应我了，我可就有麻烦了。）我感到真的很难把它们抓来杀掉，不过要是饿极了，我应该会做的。

说到水，我只有用遮阳篷来搜集雨水了，可这样做相当困难。经常会几天甚至几周都不下雨，或者有时即使下雨，却狂风大作雨水横飞，非常难以收集。所以我也许只得努力寻找过往的船只，问他们要水了。只是我希望他们不要给我装在塑料瓶里的水，因为我看到海洋上漂浮着许多塑料垃圾，我要尽力避免使用瓶装水。

通常，我会为航行做好充足的准备，并希望自己永远不要到了缺食少水的地步。海上的生活已经够艰难的啦，有惊涛骇浪，有狂风暴雨，还有鲨鱼出没，要是再加上饥渴就真的没法应付了！

罗兹·萨维奇（Roz Savage，1967—），英国航海家、环保活动家。她保持着4项吉尼斯纪录，是第一个划船横渡大西洋、太平洋、印度洋的女性。她积极倡导无塑料社区，在伦敦奥运会上发起了无塑料袋奥运的行动。

85. 我的猫为什么总能找回家？

鲁伯特·谢尔德瑞克

如果需要找寻的路很短，并且以前到过那里，它很有可能是记住了一些熟悉的标记、建筑、树木等东西，就如同你从一个熟悉的地方回家一般。但是，有些猫在人们将其遗失在度假地后，却可以从许多英里外的陌生地方独自找回家来。

狗也有这种本领，它们似乎有一种方向感，可以从全然陌生的地方找到返回的路，有时竟能从几百英里外找回来，就像迪士尼电影《猫狗也疯狂》（*The Incredible Journey*）里所讲的那般，那部电影就是根据一个真实故事拍摄的。

有关动物辨别方向的能力，这还只是冰山的一角。家鸽可以从极远处飞回鸽巢，这在赛鸽比赛中是常有的事。赛鸽可以用一天的时间从600英里外飞回家。鸽子认路并不凭借视觉，研究发现，它们并不去记忆旅途中的岔路或拐点，也不全靠辨别太阳的方位，因为阴天时它们也能飞回家，甚至还可以训练它们在夜里飞行。

地球磁场好像对鸽子的认路起了一定的作用。受到磁场影响，罗盘会指向北方，因而可用来识别方向。可即使鸽子有一个罗盘那

关于动物辨别方向的能力，我们所知只是冰山一角。地球磁场可能起到了一定作用。也可能是在动物和家乡之间有一种看不见的弹性皮筋，要把它拉扯回家。

样的感觉器官，还是不能完满地解释问题。就像你跳伞落到一个陌生的地方，指南针可以告诉你方向，却不能告诉你家在哪儿。

迁徙的动物和鸟类在认路方面就更了不起。英国杜鹃迁徙到南部非洲，要穿越撒哈拉沙漠，并要丢下自己的孩子。留在英国的幼小杜鹃被其他鸟类抚养，从没有见过亲生的父母。然而几周之后，小杜鹃们结成伴儿，寻路回到了父母在非洲的老家。

对于迁徙动物，磁力再次起到了一定的作用，但仍不是充分的解释。我个人认为，在动物与家乡之间存在着一种“场（Field）”，其作用如同一种看不见的弹性皮筋。当一只鸽子在离家几百里外被放飞后，它会在天上绕上几圈，然后直奔家园而去，就如同有什么东西拉扯它一般。年幼的杜鹃遗传了这种对方向的感觉，它们似乎被一种祖传的场所牵引，这是种群的一种集体记忆。不过这些都还只是一种理论，没有人真的了解这些动物是如何做到的。

鲁伯特·谢尔德瑞克（Rupert Sheldrake，1942—），英国生物学家、作家。他提出了形态共振理论（Morphic Resonance），强调“场”与“形态单元（Morphic Units）”之间存在反馈机制，二者的相似性越大，之间的共振也越强，从而导致某种形态在某种场中格外盛行。他以此理论作为进化论的一个补充。

86. 要参加奥运会必须做些什么？

杰西卡·恩尼斯

你要确保刻苦训练，照管好自己的身体和精神，困难的时候别被压垮，因为成功已离得不远了。

杰西卡·恩尼斯（Jessica Ennis，1986—），英国田径运动员，主攻项目为全能及100米栏。在2012年伦敦奥运会上，她获得了女子七项全能的金牌。

87. 地球的内部是什么？

伊恩·斯图尔特

是岩石，超过6000公里厚的岩石，大概相当于从法国巴黎到印度新德里之间的距离，不过这可是向下直奔地心呀。

在深深的地心处，来自上层的巨大压力把富含金属的岩石挤压成了固态铁。你要是能下到那里，会发现单个铁晶体就可长达几百米。

从地心向外一些，压力减小了，但温度仍高于太阳表面的温度，铁金属得以融化成液体，在地心外层形成了一个汹涌的、旋转着的铁海洋。正是有了这个铁的海洋，使得地球产生了磁场，也使得浮在它上面的地球表层能够移动。

想象一个巨大的煮鸡蛋，它的蛋黄只是部分凝固了，流淌的蛋黄便有点儿像地心外层的铁流。接着想下去，煮鸡蛋富于弹性的蛋白就像由较轻的岩石形成的巨大外层，这便是地球的“地幔”。在很深的地下，地幔的岩石很容易受热融化，但巨大的压力使岩石还保持着固态，或者至少是像热橡皮泥那般软乎乎的。

在地幔之上是非常薄的地壳：一层很硬很脆的壳，通常有几十公里厚。

到了地壳，温度才最终降到了100℃以下。来自地球内部的热量不断涌出，使得坚硬的地壳因受热而下部破裂，形成了七巧板那样的裂块，我们称之为“板块”。

在板块的破裂处，由于压力被释放，紧邻地壳附近的地幔物质一下便融化了，开始向外涌，形成从火山喷发出来的岩浆。

火山更容易从海底喷发，因为那里的地壳最薄。当这些火热的裂缝冷却下来后，新的硬壳就又产生了；在有些地方，板块之间发生了相互冲撞、挤压，或一个板块插入了另一个板块的底部，使得地壳遭到毁坏。如此巨大的板块运动给地球表面留下了许多的“疤痕”，即像喜马拉雅或安第斯那样的壮丽山脉。因此，当你观察地球表面时，无论是陆地还是海洋，无论是群峰还是火山，你看到的都是千百万年板块运动的结果。

不过真正让人惊叹的是推动板块运动的动力之源，那颗埋在几千公里下的、半融化的地球的“心脏”。

伊恩·斯图尔特（Iain Stewart，1964—），苏格兰地质学家，普利茅斯大学（University Of Plymouth）教授。他主持了大量的地质类电视节目，如《地心旅行》（*Journeys From The Centre Of The Earth*）、《行星如何成长》（*How To Grow A Planet*）等。

88. 上帝是谁？

这是一个最常被问到的问题，关于这个问题的答案有许多。我们就这个问题询问了三个大人物，他们每个人对这个问题都有自己的看法，下面是他们的回答：

朱利安·巴吉尼

上帝是谁？这个问题很棒，事实上每个人都对谁是上帝有自己的看法，但没有人能确切地知道。

对于许多人来讲，上帝有点儿像一位父亲，不过他是所有人的父亲。他创造了宇宙万物，他热爱每个人，但他也准备好了在人们做了错事时斥责和惩罚他们。信仰上帝的人们认为，大家应该服从并热爱上帝，就如同服从并热爱自己的父母一般。

但关于上帝到底是谁，人们却无法取得共识，因为，不同的宗教以及各宗教中不同的派别对此有各自不同的看法。

另有一些人认为上帝根本不是一个人，而是某种力量。世界上充满了善与恶，他们将善称为“上帝”。

还有一些人认为上帝并不存在。人类发明了上帝的概念来解释宇宙的起源，以及为什么要向善；如今，科学帮助人们能够更好地理解世界，于是这些人便认为不需要再信仰上帝了。

所以，对于“谁是上帝”这个问题并没有简单的答案，你得靠自己来想清楚什么样的解答更令你信服。在你这样做时，我的建议是：如果有谁断言他知道上帝是谁，你可要警惕了。

朱利安·巴吉尼（Julian Baggini，1968—），英国哲学家，哲学博士。他写了大量大众哲学作品，比如《一头想要被吃掉的猪》（*The Big That Wants To Be Eaten*）。

梅格·罗索夫

现在有个问题！上帝是男是女？是鱼是羊？上帝是老是少？是胖是瘦？小若洋葱？大若恐龙？还是如珠穆朗玛峰一般伟岸？上帝行动慢如蜗牛？还是快似流星？上帝可看得见？可外出吃午饭？可仔细聆听？他或许只是一万年前某人胡思乱想的产物？

上帝住在哪儿？天堂吗？云端吗？外太空的某处吗？在我们的头脑里吗？在《圣经》里吗？或者不住在任何地方？

有人讲是上帝创造了人类。

有人讲是人类创造了上帝。

有人讲自己的上帝是唯一的。

有人讲存在着许多的上帝，数以百计。

有人确信上帝是谁，谁不赞同就恨不得杀死谁。

有人百分之百地绝对确信根本没有上帝。

有人却……不……太……有把握。

也许上帝是一种感觉，一种非常美好的让你感到安宁的感觉；或者是一种板着脸训人的感觉，在说：汝不可行此事，汝不可行彼事，汝不可行乐！没准上帝是头脑中的声音，告诉你不要害人，不要偷盗，不要杀戮，不要自欺。

也许上帝像大自然，像大晴天，或像海洋上的一道波浪。也许你只是在需要看到上帝时才看到上帝，或者也许上帝哪儿都不在。

没人能说清楚你的上帝有没有差错，或者你关于上帝的想法是否正确。

你并不是非得相信上帝，上帝也不必非得信任你。这只是个决定，你随时都可以改主意。

梅格·罗索夫（Meg Rosoff，1956—），英国作家，擅长儿童文学创作，其代表作《我将如何生存》（*How I Live Now*）获得了多项大奖。

弗朗西斯·斯普福特

首先要知道上帝不是谁：上帝不是一个超级英雄，他不会同我们差不多（只是更壮、更快、更聪明一点儿），不会用他的神力绕着地球风驰电掣。事实上，他根本不是这个世界的一部分。如果你信仰上帝，上帝就是这个世界存在的理由，是上帝所倾注的爱使你所看到的一切运转自如。

你不能证明上帝存在（当然也无法证明上帝不存在），但那些信仰上帝的人（比如：基督徒、犹太教徒、穆斯林）往往认为人们可以感知上帝的存在。上帝存在于人们平和宁静的头脑里，存在于祈祷者的祷告声中，他的存在使孤单的旅者不会感到孤独。基督徒在满怀爱意时往往觉得与上帝靠得最近，而犹太人与穆斯林会觉得公正的行为能引得上帝来到身边。但人们都赞同：上帝是关心我们的，是关心我们的所作所为的。

我们会犯错误，会把事情搞砸，但上帝不会嫌弃我们，无论怎样他都会爱着我们。也许这听起来有点儿像个理想的父母，别大惊小怪的，对于信仰上帝的人来说，上帝就是整个宇宙的父母。也许有人会说，正是受了父母形象的启发人们才创造了上帝，并想象他是最为伟大的父母，但这似乎不对。我们在家庭中所体验的种种善行，更像是给我们机会一窥宇宙的真容。

当我们行事乖张或多行不义时，我们便远离了上帝；当我们多行善事或悲天悯人时，我们便靠近了上帝。与上帝相比，我们的生命短暂而渺小，我们只是透过自己的双眼——这道狭窄的窗口——来观察世界。但很奇怪，想到上帝时我们并不会感到卑微，并不会使我们悲观或丧失勇气。正如同你攀上群山之巅，在那里，太阳如钻石一般在幽蓝的天穹上熠熠生辉，你的目力所及可达千里之遥。于是，你发现天地之大超出了你的想象，而且也许，只是也许，你自己竟也可以超乎你想象的伟大。

弗朗西斯·斯普福特（Francis Spufford，1964— ），英国作家，皇家文学院院士。他的创作主要集中在历史方面，代表作是《红色的富足》（*Red Plenty*）。

89. 全世界有多少不同种类的甲虫？

乔治·麦佳文

现今被命名的甲虫共有 387000 种。人类对动物进行恰当的命名和分类大约开始于 300 年前，自那时起，共描述并命名了约 150 万种动物，其中近 100 万种是昆虫，而在昆虫里又以甲虫的种类为最多。换言之，甲虫是地球上种类最多的动物。

但我们没有确切的数字。有时候，一种甲虫可能被错误地多次命名；而同时，新的甲虫随时都可能被发现。你可能会问：为什么会有这么多种类的昆虫？为什么甲虫又特别多呢？是的，昆虫出现在地球上的时间已超过了 400 万年，由于它们体形小、繁殖迅速，因而在自然界中获得了巨大的成功。

昆虫还是最早能够飞行的动物，在昆虫开始飞翔了上百万年后，鸟类或蝙蝠才会出现。像许多昆虫一样，甲虫有两对翅膀，但它们的前翅硬化了，成为鞘翅；它们的后翅更大、更脆弱，在不使用时便被保护在鞘翅底下。这使得甲虫可以在地球上各种各样的地方居住。

大约 100 万年前，有花类植物的进化给了甲虫全新的生存环境和食物来源，因而甲虫的数量急剧增加。尽管有更多种类的甲虫有待被发现，尤其是在热带的森林中，但随着它们的栖息地不断遭到毁坏，我们有可能永远也不会发现这些甲虫。

乔治·麦佳文（George McGavin），英国昆虫学家，皇家地质学会会员，前牛津大学自然历史博物馆昆虫馆副馆长。他是国际知名的昆虫学家，有好几种昆虫以他的名字命名，他希望这些昆虫在他去世前不要灭绝。

90. 太空离我们有多远？

马库斯·乔恩

想到太空，也许你会认为它与你相隔万里之遥。其实，从你家门口的台阶一直向上，大约 20 英里(32 公里)的高处便是太空了。你当然可以步行 20 英里，只不过会特别累，还很可能引来你的满腹牢骚。但是要想垂直上升 20 英里，你便需要乘火箭了。

火箭其实非常不适合飞进太空，因为没有足够强悍的燃料能将整个火箭一下子就推送到太空里。为了将火箭送上太空，人们所能采用的唯一方法是：在火箭升空后将它的一部分抛弃，这使得火箭剩下的部分变轻，因而更容易被送进太空。

想象一下这样的情景：每次你的父母开车去超市，沿途要将汽车的绝大部分抛弃，只剩下 1 个方向盘和 4 个轱辘。等下次他们再去超市，还要重新造一辆车，那是不是很荒谬？但是，那正是人们在火箭上所采用的方法：每次发射都要重造一枚火箭。可想而知，进入太空是非常昂贵的，美国航天飞机的每次发射都要花费大约5亿美元。

为了进入太空，明智的方法也许是建一架20英里高的梯子。可惜，由于梯子太高了，即使用最结实的金属建造，也会被自重压垮。不过，更为结实的材料不断地被发明出来，因而有理由期待能够看到类似太空梯那样的东西，也许该称为“太空升降梯”吧。于是，我们终于有了进入太空的便宜又便捷的方法。在假日里，我们可以到太空去旅游。

马库斯·乔恩（Marcus Chown，1959—），科普作家、记者、节目主持人兼制作人。毕业于伦敦大学物理系，并在加州理工学院获得天体物理硕士学位。其作品《轻松搞定量子理论》（*Quantum Theory Cannot Hurt You*）广受好评。

91. 为什么一些人长得比其他人高？

凯蒂·伍达德

每个人的细胞中都有 DNA，你的 DNA 得自于你的妈妈和爸爸，它就像是一组魔法代码，从你在妈妈身体里孕育那天开始，你身体中发生的每件事都少不了它的参与。

你可能已经注意到了，一些种族（一大群人）会比其他人高些或矮些，这是他们进化的结果，这可要经过成千上万年呀！进化要基于许多原因，比如在整个进化过程中能获得多少营养丰富的食物。

不过还有更多的故事可讲！你仅仅播下一粒花籽儿并不能保证开出美丽的花朵来，不是吗？如同鲜花的生长需要阳光、水分和优良的土壤一般，你也需要一些条件才能长到你身高的极限，即你 DNA 代码所允许的高度。对于人类来说，这些条件包括充足的睡眠、锻炼以及最为重要的因素——健康的饮食。那些新鲜的、未经深加工的食物，特别是那些家庭制作的食物含有最多的营养成分。

凯蒂·伍达德（Katie Woodard），美国法医学家。她在西雅图帮助警方通过 DNA 检测追踪罪犯，她为孩子们写过一本关于 DNA 故事的书——《我的第一本 DNA 书》（*My First Book About DNA*）。

细胞中的DNA决定了你能长多高，但充足的睡眠、锻炼和健康的饮食，能帮助你长到自己身高的极限。

92. 为什么小便是黄色的？

萨利·马格努松

尿是由血液里产生的，它帮助身体做一些很有用的事情。

想象一下，血液如同一列火车嘎嘎作响地环绕着身体慢慢行驶，沿途装上和卸下各种各样重要的货物，从而保证身体健康运转。就像每次旅途结束时总要丢弃一些东西一样，在血液结束其旅程后，被丢弃的是许多重要的化学物质，包括氮和氨。

我们的肾将这些遗弃物与大量多余的水分一起送到膀胱，膀胱在一天里会好几次将它们排出体外，那便是尿。

但为什么尿是黄色的呢？是这样，使血液显现红色的那些细胞在旅行中终有磨损毁坏的一天，它们死后会变成黄色，随后被丢弃进了尿液中，便把尿液也染黄了。那种金黄色的物质被叫作“尿色素”。

不过你也许注意到了，尿并不总是黄色的，一些食物能在尿里留下自己的颜色。在吃了大量甜菜根后查看一下你的尿，它是亮红色的；吃太多的胡萝卜会使尿液呈现橘红色；芦笋会给尿染上一抹绿色。

如果你饮水不足，你的尿液就会变暗，这可不得了。实际上，早期的医生通过查看尿液的颜色来推测身体到底出了什么毛病。可怜的乔治三世国王患上了精神疾病，撒出的尿据说是蓝色的，这一定相当令人震惊。

还有一件了不起的事值得一提，还记得尿中的那些重要化学物质吗？它们都可以被重复利用。

长久以来，古人一直把尿抹在皮肤上用来医治创伤和缓解烧伤；还有人用尿浸泡植物来制作染料；尿还被用来制作面包（这是真的）；尿帮助花卉和庄稼生长。信不信由你，在长达好几个世纪里，尿是制作火药的关键成分。

尿中含有氨，这使得几乎所有的东西都可以用尿来清洁。罗马人用尿来清洗他们的长袍，直到不久前，织布工还在用尿来清洗布匹；英国人曾出售自己的尿液，一便士一桶，此等美事儿如今可就别想啦！

不过，提醒你注意，尿如今还有它的用处。苏格兰的科学家发明了用尿来发电的方法；在丹麦，猪尿被搜集用来制造塑料以及——听好了——唇膏；美国的研究人员用尿生产氢气，希望终有一天它能推动汽车。

哦，对了，尿还能制造了不起的隐形墨水呢。

我们撒出的这不起眼的黄色液体还挺不错的，对吧？

萨利·马格努松（Sally Magnusson，1955—），苏格兰记者、作家、电视主持人及制作人。她长期为 BBC 工作，为人熟知的是多年担任“苏格兰新闻播报”的主播。

93. 为什么我总是与兄弟姐妹争吵？

坦雅・拜伦

兄弟姐妹之间的争吵并不少见，我小时候也同我姐姐争吵。我们很容易同最亲近的人闹别扭，或许是因为知道无论如何恶语相向，我们也不会停止彼此相爱。

在同一个屋檐下一起生活，每日厮守在一块儿，也会导致我们对彼此待人接物的方式有意见，这在朋友间是不易发生的。可是，争吵并不是解决烦闷或发泄不满的好方法，往往非但不能解决问题，反而由于双方恶语相向使情况变得更糟。

同样，兄弟姐妹间的争吵会导致关系紧张，给其他的家庭成员带来痛苦，并可能引起父母的激烈争吵，从而越发使得家里每个人都不高兴。成为家庭的一员有助于我们学会如何处理与所爱之人的关系，还能学会许多重要的生活技巧，其中便包括如何处理愤怒和争论。

你可能会发现父母对你们的争吵很恼火，他们似乎根本不理解为什么你们会如此不满，这真让人搓火。其实，父母可能是对你们表达愤怒的方式失望，而并不是针对愤怒本身。他们也许会因争吵而惩罚你们，因为他们不想让你们以为吵架是解决问题的正确方法。

兄弟姐妹之间的争吵确实难以避免。在你爆发之前，试一下这个办法，率先离开现场，给自己时间冷静下来，然后想清楚到底是什么困扰着你。你可能会发现，一旦你冷静下来，问题似乎就没什么大不了了，于是你们便可以不再理会它。

用骂人和动手来表达愤怒情绪的破坏性极大，小孩经常用尖叫或摔打东西来表示自己的愤怒或挫折感，因为他们还没有学会用合适的词语来说出自己的感受。不过，随着孩子不断长大，我们希望他能用交谈的方式处理自己的不满，这样便能找到解决的办法。

如果你对兄弟姐妹感到气愤，试一下在你爆发之前率先离开现场，给自己时间冷静下来，然后想清楚到底是什么困扰着你。你可能会发现，一旦你冷静下来，问题似乎就没什么大不了的，于是你们便可以不再理会它，继续成为好朋友。要知道，一些争吵的理由根本不值得一提。

可是，如果你确实感到非常苦恼或伤心的话，那就试着告诉他们；如果你做不到或是他们根本不听，就要去找父母或你所信任的大人帮助。随着我逐渐长大，我明白了姐姐是我最重要的朋友，因为我们一起长大，彼此最了解对方。

记住，朋友有聚有散，而家人却会一世相守。

坦雅·拜伦（Tanya Byron，1967—），英国心理学家，边山大学（Edge Hill University）教授。她由于在电视节目《小天使》（*Little Angles*）中担任儿童心理治疗师而闻名。

94. 罗马人打的哪场战役最大？

加里·斯梅尔斯

得承认，罗马人是一大群爱炫耀的人。他们穿着锃亮的盔甲，手持锐利的矛（被叫作 Pilum）和寒光闪闪、锋利无比的剑（被叫作 Gladius），到处耀武扬威。罗马人还是非常薄情寡义的一伙人，打击别的民族是他们唯一的乐事。事实上，罗马人有点儿像校园里那些专门欺负人的小流氓，只不过他们头戴金属头盔，手持令人胆寒的利刃，脚蹬绑带凉鞋罢了。

于是罗马人势必要打很多仗。问题是哪一场仗最大呢？

这里我们遇到一个问题：罗马人不仅仗势欺人，而且还撒谎成性。在一场战斗之后，罗马的历史学家会极力吹捧，使罗马人看起来坚强无比。因此他们会告诉世人：战场上敌人多如牛毛而罗马勇士却寥寥无几。罗马的历史学家都会这样讲："哦，是的，战场上只有四个罗马战士，其中的两个已有些疲惫，可是敌人，天呀，却有 160 亿之多！"

幸运的是，现今的历史学家已非常善于识别这类谎言，并推测出实际发生的情况。

所以，虽然还不能确定，但我们认为罗马人参与的最大战役是菲利皮[①]之战。那场战役发生在公元前 42 年，起因是罗马的执政官尤利乌斯 · 恺撒遇刺，被他的同事们残忍地谋杀了。恺撒被谋杀之后，每个人都感到愤怒，他们决心大打一仗以决定谁来做罗马新的统治者。

交战的双方一边有马可·安东尼[②]与屋大维[③]，他们觉得自己需要一个响亮的名字，因而称自己为“三头联盟”[④]；另一方是布鲁图斯和卡西乌斯[⑤]，他们不甘人后，也给自己取了一个很酷的名字，叫作“解放者”。

在刺杀恺撒后不久，布鲁图斯和卡西乌斯带着军队逃到了希腊，在那个阳光明媚的地方逗留了一段时间。马可 · 安东尼与屋大维也召集了部队，决定向希腊进发。两支军队在菲利皮城外相遇。

如今我们相信“三头联盟”大约掌握着 10 万士兵，但如果把其他去助战的军队也算上的话，可能要有 23 万之众；“解放者联盟”也有 10 万士兵，如算上所有助战者的话，也达到了 18.7 万人。

---

① 菲利皮（Philippi），马其顿东部城市，靠近爱琴海北岸。由马其顿国王菲利普二世（Philip Ⅱ）建立，故得其名。在此进行的菲利皮之战是决定罗马帝国命运的关键之战。

② 马可·安东尼（Mark Antony，前 83–前 30），罗马将军，恺撒最重要的军队指挥官。在恺撒遇刺后与屋大维和雷必达组成三头联盟。在联盟破裂后战败，与埃及女王一同自杀。

③ 屋大维（Octavian，前 63–14），恺撒的养子，罗马帝国开国君主，统治罗马 43 年。

④ 三头联盟（Triumvirs），恺撒遇刺后，由马可·安东尼、屋大维和雷必达（Lepidvs）组成的政治联盟，他们以军事实力迫使元老院赋予其统治罗马的权力。

⑤ 布鲁图斯（Marcus Brutus）和卡西乌斯（Gaius Cassius），二者皆为罗马元老院成员，参与刺杀恺撒。

因此这次战役参与的人数可能高达40万人，那足够挤满4个温布利体育场，而且还有不少人挤不进来。

那么战役进行得怎样呢？

这场战役实际上是在同一时间里进行了两场战斗，一场是布鲁图斯（解放者）对屋大维（三头联盟），布鲁图斯是一个不错的将军，他将屋大维的军队击退了，所以，解放者一方1比0领先。

在另一场战斗中，卡西乌斯（解放者）迎战马克·安东尼（三头联盟），结果安东尼获胜，于是双方1比1打平。但是，有人对卡西乌斯撒了一个淘气的谎，说他的同伴布鲁图斯战败了（其实是打赢了），卡西乌斯万分沮丧，他自杀了。

由于打成了平手，双方只得择日再战。这次布鲁图斯的军队孤军奋战，他输掉了这场战役。随后，布鲁图斯效仿同伴的做法，也自尽了。三头联盟在此战之后所获得的战利品是整个罗马帝国。

加里·斯梅尔斯（Gary Smailes），英国军事史专家、童书作者。他主修战争史，写过四部有关世界著名战争的历史书。同时，他是英国最多产的童书作者之一。

95. 为什么我会感到无聊？

彼得·图希

你一定知道大象的样子，它们身材高大、灰不溜秋的，而且特别强壮。它们有一根长长的、灰色的、毛茸茸的鼻子，用这根长鼻子，它们能把东西捡起来，也能把东西吸起来。

我认为要是我也有一根象鼻子就不会感到无聊了，我会用这根鼻子吸水然后向朋友喷水取乐。不过，大象会感到无聊，并在感到无聊时大发脾气，它们来回不停地走着，巨腿猛踏着地面，鼻子到处甩来甩去。

你怎样来治疗大象的无聊呢？你可以放音乐给它们听，它们喜欢那些严肃的、带有许多小提琴声的老式音乐。这一点也不让我惊讶，因为我总认为大象就是非常老式的动物。它们能活很长时间，变得很老。大象喜爱的那种音乐你喜欢吗？我猜你不会喜欢的，这方面你可能更像一种猿猴。北爱尔兰贝尔法斯特动物园的科学家发现：如果给猿猴听摇滚乐，它们就不再感到无聊并发脾气了。

但是，为什么大象会感到无聊而需要听音乐呢？如果把它们关在一个小动物园里，它们会因无事可做而烦闷，它们会因为无法同朋友闲逛而烦闷，它们会因完全知道接下来要发生什么而烦闷，它们知道早餐会吃干草，午餐也吃干草，晚餐还吃干草，而且一切总是老样子，同样的床、同样的旧笼子、同样的老朋友。

你之所以感到无聊也与此相同：没有什么事可做，朋友们又远在他方；在你想到外面玩时却不得不安静地、一动不动地待在室内。

感到无聊时便是身体在提醒你：要是不想变得伤心或发怒，就该做点称别的事情啦。你需要同家人或朋友外出，去找些新鲜的、刺激的事情做。在你下一次感到无聊时，不妨试试大象的疗法——随着音乐摇头晃脑；或者像猴子那样，听听摇滚乐！

彼得·图希（Peter Toohey），加拿大学者，卡尔加里大学（University Of Galgary）古典文学教授。他写作了一本叫作《无聊》（*Boredom*）的书。

96. 我们的嘴里真住着叫作细菌的妖怪吗？

利兹·邦宁

我们的嘴里没住妖怪，不过住在那里面的东西却比妖怪有趣多了。我们的口腔为上百种不同种类的微生物（比如细菌、病毒与霉菌）提供了理想的生存环境。

其实，还有许多种微生物没法被认出来，它们太小了，肉眼看不到。在口腔里的各个部位——舌苔的间隙里，牙齿和牙龈的缝隙间，口腔壁上——它们生活得相当幸福。仅在一颗牙齿上就住着无数这些有趣的生物。

我们嘴里所发现的细菌是成群聚集的，被称为菌膜，它们彼此之间可以相互联络，在移居到一颗牙齿或侵入一个新的地方时也可以同其他种类的细菌相互联络。

当用电子显微镜将其放大数千倍后，有些微生物的样子有点吓人。不过许多这样的微生物对我们其实大有好处，能保护我们免受有害菌的危害，又能吃光残存在牙齿间的食物碎屑，还能产生许多维护口腔健康的物质。

人体自然的免疫系统特别擅长控制这些微生物的数量，使它们的数量不会多到有害的地步。如果你认真刷牙保持口腔的清洁，就会帮助维持口腔微生物的良好平衡，使它们不能为害。

但是，大家都听到过蛀牙这回事。产生蛀牙是由于没有照顾好牙齿和牙龈，使得一些种类的细菌趁机大行破坏。其中有两种细菌大名鼎鼎：变异链球菌与嗜酸乳杆菌。它们吃了糖之后就会产出酸性物质，而受人喜爱的糖果与巧克力中都含有很多糖。

正常情况下，唾液会将这些细菌产生的酸处理掉，不会造成麻烦。可是，如今人们吃下了太多的纯糖，对于细菌来讲就仿佛是天天在过圣诞节。有了这些糖在嘴里，细菌所产的酸大大增加，唾液这下就对付不了了。这些酸会腐蚀牙齿，造成一些讨厌的小洞，于是我们只好去看牙医。以前，在还没有发明纯糖、食物里也没加入大量糖时，人们并不需要常去看牙医。

不过，只要按时刷牙，我们就能防止蛀牙或其他麻烦，还可令余下的微生物保持在一个健康的数量水平。

就像我们能在这个星球上繁衍生息一样，作为对自然的回赐，我们的口腔成为这些微生物理想的家园，想到这点你会感到特别美妙！

利兹·邦宁（Liz Bonnin，1976—），爱尔兰电视主持人，现服务于BBC电视台。她主要主持科学节目，曾在系列节目《理论大爆炸》（*Bang Goes The Theory*）中担任主持。

97. 我们为什么在晚上睡觉？

拉塞尔·福斯特

我们在夜晚睡眠是因为人的身体适合在白天活动。其他的动物，比如蝙蝠或獾，白天睡觉而在夜里活动，因为它们要在夜间捕食。

我们在光线充足时有很好的视力，但在晚上却视力不佳，看不清周围的事物。蝙蝠和獾的视力很糟糕，在夜晚它们靠听觉和嗅觉识别道路。不过这些还不能解释我们睡眠的模式是如何受到调控的。

大脑告诉我们何时睡眠，在脑的内部有一个生物钟，它由大约5万个神经细胞组成，像一部闹钟般运作着，告诉身体在不同时间该做些什么，告诉我们何时该入睡，何时该清醒。疲倦的感觉被大脑的另一部分控制着，它计算我们清醒的时间，醒的时间越长，疲劳感也就越强。

飞行几千里跨越不同的时区会令人产生时差，当澳大利亚是白天时，英格兰却是夜晚；当英国人上床睡觉时，加利福尼亚人却正在起床。身体的时钟不能针对新的时区做出立刻的调整，它要花上几天的时间。因此当你到了澳大利亚或加州时，会有几天在不恰当的时候感到饥饿或困倦，这要一直等到你的生物钟从家乡时间调整到新时区时为止。我们能够从时差中恢复过来是因为生物钟受到新

我们在夜晚睡眠是因为人的身体适合在白天活动。生物钟和身体的疲倦度共同作用，调节着我们的睡眠模式。许多人以为大脑在睡眠时是关闭的，这可不对，在睡眠时大脑的一些部分甚至比清醒时还活跃！

时区光线的调节。

因此，生物钟和身体的疲倦度共同作用，调节着我们的睡眠模式。许多人以为大脑在睡眠时是关闭的，这可不对，在睡眠时大脑的一些部分甚至比清醒时还活跃！这是由于在睡眠时，大脑帮助我们记忆白天发生的事情，理解这些信息。许多人早晨醒来，发觉自己多年来百思不得其解的问题突然有了答案！

在睡眠时身体的其他部分也在发生着很多变化。年轻人在睡觉时比醒着时长得更快，受伤的身体也在夜晚得到恢复。为了白天能充满活力，年轻人每晚需要给大脑 9 个小时的睡眠。

有了良好而充足的睡眠，你解决起难题来会更快，你的心情会更好，运动成绩会更出色，甚至连听到的笑话都会感到更可笑。许多成年人都没有充足的睡眠，每晚只睡五六个小时。假如长期如此，就可能得病，还会严重影响消化系统或心脏，他们甚至可能患上抑郁症。

长期以来，人们并不知晓为何睡眠如此重要。现在我们知道，很多对身体有益的事情在睡眠时发生，睡眠有助于健康和快乐。所以，你要确保获得充足的睡眠！

拉塞尔·福斯特（Russell G. Foster，1959— ），英国昼夜节律神经学家，剑桥大学教授。他是皇家科学院院士。

98. 谁发明了巧克力？

乔安妮·哈里斯

我们所熟悉的条状巧克力是伦敦的弗赖先生于1847年发明的，但早在千年以前，人们就食用巧克力了。拉丁美洲的玛雅人和印加人在宗教仪式上饮用一种巧克力饮料，这个风俗被早期的探险家带回了欧洲。

哥伦布被认为是第一个把可可豆带回欧洲的人，那大约是1503年，但没有人知晓这些可可豆被用来做了些什么。几年后，西班牙征服者赫尔南多·科尔特斯①发现了“新世界”，当他于1528年从墨西哥返回西班牙时，他的大帆船上装载着可可豆和制作可可饮料的设备。

然而又花了100多年的时间，饮用巧克力的风俗才蔓延过欧洲来到英格兰。之后，饮用巧克力在富裕阶层中变得非常流行，由于害怕使人们变得贪婪，这一风俗甚至曾遭到过教皇的谴责！

乔安妮·哈里斯（Joanne Harris，1964—），英国知名作家。她曾做过法语教师，她的小说《巧克力》（*Chocolate*）成为《星期日泰晤士报》畅销书榜的冠军，其后被搬上银幕，为哈里斯带来世界性的知名度。她是单一作品销量超过100万册的4个英国女作家之一。

① 赫尔南多·科尔特斯（Hernando Cortes，1485-1547），1519年率队登陆墨西哥东海岸，随后5年中，以不到1000人的兵力征服了墨西哥的阿兹特克帝国。

99. 我们有可能回到过去吗？

约翰·格里宾

时间旅行是可能的，但造一架时间机器却非常困难，你可能需要两个黑洞来做这事儿！这些是描绘时空运行规律的物理定律告诉我们的，爱因斯坦在广义相对论中推断出了这些定律。

一个黑洞很像是时空中的一个洞，如果你把两个黑洞用一条时间隧道连起来的话，你就可以从一个黑洞跳进去，却在不同的时间从另一个里面出来。说时间旅行是可能的，就好像在对一个石器时代的人讲太空旅行是可能的一般，他们不知如何去太空旅行，除非先学会制造机器。

还有一个小麻烦，上述的定律还告诉我们：你没法回到时间机器建成前的年代里去，这就好像你乘坐伦敦地铁无法到达没有铺设地铁轨道的地方一样。这也可以理解，因为那时可没有一架时间机器供你返回来。黑洞的另一端被定在了制造它的那一天。

因此，如果明天有人造出了一台时间机器，你可以乘坐它去未来的任何一天，但你往回最远只能回到明天，你永远也不能回到昨天。由于确信目前还没有人造出时间机器，所以至少现在，世界上并没有从未来世界蜂拥而来的时间旅行游客。如果你想从今天回到从前，那么唯一的希望便是找出一台已被某人悄悄建好的时间机器来。

如果你真的能找到一台，你想要去哪儿呢？我愿意回到100年前去拜访爱因斯坦，正是他解释了空间与时间是如何运作的。

约翰·格里宾（John Gribbin，1946—），英国科普作家、天体物理学家。他的写作范围非常广泛，包括量子物理、科学家传记、宇宙起源等，他还创作了大量科幻作品。2009年，英国科普作家协会向他颁发了终身成就奖。

100. 火是怎样燃烧起来的？

面包头博士

我不打算告诉你怎样点火，那可是个大秘密，燃烧起来的东西非常危险！你没准会去烧你的朋友、你的袜子，或别的什么特别糟糕的东西。

不过如果我告诉你了，你一定要保守秘密，除了你最好的朋友和宠物蜘蛛外，不要告诉任何人。你要发誓把这些秘方非常仔细地写在纸上，然后折叠成很小很小的方块，然后念咒将魔鬼赶跑，然后把它放进一个装着从前剪下的脚指甲的坛子当中，这样就没人敢去读它了，你发誓会照办吗？

好了，那么我准备向你透露科学家最大的秘密。

火的秘方

要确信没人在偷看呀，秘方是……

1. 一些**燃料**
2. 一些**热量**
3. 一些**空气**

是这样的，你只需要三种原料就可以点起火来。不过你还需要懂多一点儿科学知识。所以你会读到接下来的这些，它可是特别无聊（可如果你喜欢火的话，它可就特别有趣了）。

一号秘密成分：**燃料**

燃料是能够燃烧的物质，木头、纸、油与煤炭都是很好的燃料，而像手呀、石头呀、曲别针或妖怪呀可不是好的燃料。

二号秘密成分：**热量**

热量是用来点火时所需要的，你从火星里可以获得热量，将物体放在一起特别快速地摩擦，甚至将一束阳光透过放大镜都能令你获得足够的热量。你可以再想想，还有好多可以产生热量的东西呢。

三号秘密成分：**空气**

要想让火烧起来就必须有空气。其实你需要的是空气里的某些东西，不过，那可是最高机密，要想知道答案你必须将这篇文章读完。

亲手点火

摩擦你的双手，快点儿，用最快的速度！看看，它们多热呀！它们着火了吗？没有？别担心，你的手是着不了火的，即使你把它们搞得超级火烫，它们也着不起来。记住，手不是好燃料，就着火能力而言，它们特垃圾。

要想点着火你首先需要一些好的燃料。干木柴是很不错的燃料，然后你需要使燃料变得非常热（你可以通过使劲摩擦两块木头使它们火烫），最后，加一点儿空气，轻轻地吹气，噗噗！行啦，火着起来了。

干木柴是很不错的燃料，你需要使燃料变得非常的热，最后，加一点空气，轻轻吹气，噗噗！！行啦，火着起来了。

一旦什么东西着起了火，它就释放出自己的热量，变得越来越热，于是，热量可以使周围的东西也着起来，最终所有的东西都烧起来了。这就是为什么在点火时必须非常小心。我们知道了如何点火，也该知道如何灭火。不过这个问题只好以后再讲了。

超级科学机密

1. 那些可以燃烧的东西有一个科学的叫法：可燃物。
2. “可燃物”与“易燃物”说的是同一种东西，真是啰唆！
3. 着火的科学叫法是“燃烧”。
4. 空气里有许多不同的气体，着火所需要的气体是……顶级机密……好吧好吧……那气体叫作“氧气”。

面包头博士（Dr Bunhead），原名汤姆·普林格尔（Tom Pringle），是英国最著名的单口喜剧科学家，他把鲜活的科学表演带到了世界各地，从大歌剧院到贫民窟都留下了他的足迹。

101. 为什么世界上有这么多的国家，而不是仅有一个大国？

丹·斯诺

尽管人类都是相同的，但我们的祖先们却迁徙到了世界各地，从澳大利亚的塔斯马尼亚到马里的廷巴图克，从北美阿拉斯加到英国的阿伯丁，这使得他们往后的发展各不相同。经过了成千上万年，人们的肤色有了差异，语言也不一样了，还发明了各自不同的信仰和生活方式。

几千年前，人类开始形成国家，出现了中国、日本、埃及这样的国家。麻烦的是，生活在中国的人并不知道有埃及这样的国家存在。那时没有汽车、火车、飞机、电话、网络，甚至没有大的船只，人们没有机会互相接触，更别提赞同联合成一个国家了。

只是在几百年前，所有国家才认识到还有其他的国家存在，而此时，有许多人并不想联合成一个国家。国王们、女王们、皇帝们以及各国的大官儿们都不想与其他国家合并，因为他们不想与他人分享自己的权力或宫殿。

他们鼓励自己的臣民同其他国家隔离，臣民们也通常赞成统治者的做法，他们不喜欢或者不信任来自其他国家的人，因为那些人讲着奇怪的语言，吃着古怪的食物，崇拜着不同的神灵，甚至连长相也不同。人们想要维持自己的国家，因为大家已经习惯如此了；人们明白，如果加入另一个国家，所有的事情将会改变，而改变会令人异常恐惧。

有人认为存在着如此众多的小国是不明智的，他们觉得所有人都应生活在一个秩序井然的大国里，并由他们来掌控，过着更加美好的生活。为此，他们愿意派军队去攻击并征服其他国家。但是，常常还有一些被征服的人想要恢复故国，因为他们不喜欢被新来的外国人统治，而且，对于家园被侵略、朋友被伤害，他们感到愤怒。

如今，我们可以环球旅行，可以通过互联网同远在天边的人们通话，无论在中国的上海还是在英国的桑德兰都可以吃到同样的食物。用不了多久，计算机就可以毫不延迟地将我们说出的话从一种语言翻译成另一种语言。与祖先相比，不同国家的人们有了很多共同之处。在联合国或在欧盟，许多国家都赞同一起密切地工作，众多国家制定共同的法律，维护相同的权益。或许我们在慢慢靠近生活在一个全球国家的目标。

丹·斯诺（Dan Snow，1978—），英国电视主持人，在 BBC 电视台主持多档与历史相关的电视系列节目。在上学期间，他曾代表牛津大学在与剑桥大学的著名赛艇比赛中获胜。

102. 什么使“我”成为我？

这是我们收到的最令人挠头的问题之一，就此我们请教了一位古人类学专家、一位心理学教授和一位童书作家，下面是他们的想法。

克里斯·斯特林格

看看大人们如何准备一顿大餐：他们会去预备原料，像肉呀、蔬菜和调料等，然后再从某位大厨的烹饪书里找来菜谱。

想象你自己的身体就是那一顿大餐，那么所需的原料便是化学物质和细胞，它们组成了你的身体并使它得以运转。

教你如何将原料按各种方式搭配、制作成身体的菜谱也准备好了，那便是基因代码。它看起来非常微小，却是一份极其长的指令簿，指导如何建造你。这份基因代码放在你妈妈身体里的一个蛋蛋里，你的生命便是从那个蛋蛋开始的。

每个人的基因代码（菜谱）互相间都有一点点的差别：所需的原料稍有不同，使用原料的方法略有出入。如同数不清的原料组合及烹调方式造就了各种各样的咖喱饭一般，由于每个人“菜谱”上的小小差异，产生了许许多多不同的人。

这就是为什么你是你，为什么你的容貌、身材和肤色是你自己的样子，这也是为什么全世界没有一个人完全像你（除非你有一个同你基因代码非常相似的孪生兄妹）！

克里斯·斯特林格（Chris Stringer，1947—），英国人类学家，伦敦自然历史博物馆研究员，皇家社科院院士。他是“人类单一起源论”最重要的倡导者之一。

加里·马库斯

什么使“你”成为你？这涉及你能想到的所有东西：你的头、你的手臂、你的脚趾头、你的心脏，特别是你的大脑。

如果你在一次不幸的事故中失去了一个脚趾，你仍旧是你，不过是“缺一个脚趾的你”。同样我还可以假设你缺了一条左臂或少了右腿膝盖，我确信你会非常想念它们，但你还是你自己。

可说到你的大脑便是另一回事啦。如果有样东西对使“你”成为你最为重要的话，那一定是你的大脑，它三磅来重，是一团待在头盖骨下的灰色物质，它帮助你思考、理解和记忆。

没有大脑，你会不知道早上如何起床，你会想不出任何主意，你会无法想起你是谁，你甚至没法问“什么使‘我’成为我”。

于是又引来了另外一个问题：什么使你的大脑成为你的大脑？你可以去商店买一件新衬衫或一双新鞋，但你的大脑却是与生俱来的；你的心脏甚至都可以被替换，但如果你替换了大脑，你恐怕就不再是你了，假使你能换脑的话，你的整个人格可能都会改变！因为，正是你的大脑使你快乐或忧伤，友善或尖刻，爱交际或是易害羞。

当你还在妈妈的子宫里时，你的脑子便开始成形了。一层细胞（有点儿像一层皮肤）自己折叠起来形成一根管儿，那根管儿开始外扩，并最终分裂成了两半（被称为“脑半球”）。然后它继续分化成许多的区域，比如：帮助做决定的前叶，帮助理解所听到事物的颞叶等。

大脑的基本形状是通过基因从父母那里遗传过来的，但随后的发展便全取决于你了。每次你尝试学习新东西，你的大脑都会有所改变。你不能在网上订购一个新的大脑，但通过每天学习点儿新东西，你可以让自己的头脑变得越来越好。

没有两个完全一样的大脑，因此不会有两个思想或行为完全一样的人。所以，正是你的大脑使“你”成为你。

加里·马库斯（Gary Marcus，1970—），美国心理学家，纽约大学心理学教授。他的研究兴趣集中在人类的认知与言语上，写作了大量此方面的书籍。代表作《头脑的诞生——少量基因如何创造了复杂的头脑》（*Birth of the Mind: How a Tiny Number of Genes Creates the Complexities of Human Thought*）。

米歇尔·罗森

我看着父母说，你们给了我什么？我看着祖父母、叔叔、姑姑和表兄妹说，你们给了我什么？我看着曾上过的学校、曾加入的俱乐部说，你们给了我什么？我看着去过和住过的所有地方说，你们给了我什么？我看着朋友和爱人说，你们给了我什么？我看着玩过的游戏、读过的书、看过的电影、学过的诗歌说，你们给了我什么？我看着新闻，听着街谈巷议，我说，你们给了我什么？

那么，是它吗？我提及一切了吗？

我觉得还不够，还落下了什么人，落下了什么物。

是的，还有我和我的头脑。因为所有那些事情涌来、涌来、涌来，我不停地想着、说着、写着。所有的事情仿佛经过了绞肉机、粉碎机、搅拌机外加炊具的处理，全都融合在了一起。我就被这样造出来了。

甚至那也不是全部。

真的吗？

没错，因为我并没有制造头脑里的“绞肉机”、“粉碎机”、“搅拌机”和“炊具”，是我的头脑在进行着绞碎、粉碎、搅拌与烹制。并不是我制造了我的头脑！我促成了它。是的，提供原料的正是所有那些与我相逢的人和事。

我们在被他人创造时也在自我创造；我们在创造自我时他人也在创造我们。

米歇尔·罗森（Michael Rosen，1946—），英国诗人、儿童小说家。他共出版了140多本书籍，2007年被评选为“儿童桂冠诗人（Children's Laureate）”。

103. 如果一头奶牛一整年不放屁，然后放个大大的屁，它会飞进太空吗？

玛丽·罗奇

奶牛确实能制造很多的气体，主要是甲烷气体。当牛吃下的草在它们巨大的、垃圾桶大小的瘤胃[①]中时（牛胃最主要的隔间），里面的细菌产生了甲烷气体。但你猜会怎样？瘤胃里的气体像其他在胃部产生的气体一样，不会形成屁。当我们喝汽水或啤酒时，放出的二氧化碳气会让你打嗝，而不会放屁。屁是在下面的肠道里形成的，就牛而言，在肠道里进行的消化只占很短的时间。

你猜猜还怎样：牛不仅不放屁，其实也不打嗝。它们睡前的聚会一点儿都不好玩。牛和其他反刍动物都有个绝招，能把甲烷轻松地呼出体外。我请教了研究奶牛放屁打嗝的专家，加州大学戴维斯校区的动物学教授埃德·德彼得斯（Ed DePeters），他解释了奶牛

---

① 瘤胃（rumen），牛羊等反刍动物的第一个胃，位于腹腔左侧，几乎占据整个左侧腹腔。

一头奶牛一年能产生187磅（约85公斤）甲烷气，这些甲烷气能提供2000磅的推力，并持续33秒钟。一头重1500磅（约680公斤）、身着流线型宇航服的牛靠着这个推力可飞到大约3英里（约4.8公里）的高空。

的做法。

当一头奶牛（或者一头羚羊）感到撑了，需要给自己的瘤胃腾些地方出来的时候，它会放出一些甲烷气体。可是，它不会把气体直接从胃里释放出来（那样就会发出动静，给可能藏在一旁的猎食者可乘之机），它会采取迂回办法，让气体绕道进入肺里，然后静悄悄地将其呼出。多文明呀！

不过还是言归正传。我们来收集起奶牛一年所呼出的甲烷气，一头奶牛一年能产生187磅（约85公斤）甲烷气体，顺便提一句，甲烷高度易燃，非常容易着火。好了，我们把所有收集来的甲烷气体储存在一个加压的桶里，然后用它去推动绑在无畏的“宇航牛”身上的便携火箭。

看看这头牛能飞多高。我请教了一个真正的火箭专家——雷·阿伦斯（Ray Rrons），雷测试过阿波罗登月舱的引擎，那种登月舱的样子有点儿像只大蜘蛛，可以把宇航员送上月球表面，之后再把他们从月球表面送回飞船。据雷讲，设计登月舱的科学家是在纽约的长岛用餐时产生了灵感，于是把设计草图画在了一张餐巾纸上。

提到那头将要飞往太空的牛，雷建议为了稳定起见（避免牛翻跟头）应采用双喷嘴引擎，还要装备超轻的、流线型的高科技飞行服以减少空气阻力（发射前的新闻发布会一定酷呆了）。随后雷用他的火箭科学家方程式计算了一番。

计算的结果是，187 磅甲烷将会提供 2000 磅的推力，并能使这样大的推力持续 33 秒钟。雷估计这将使一头重 1500 磅（约 680 公斤）、身着流线型宇航服的牛飞到大约 3 英里（约 4.8 公里）的高空。太空起始的高度约在 20 英里处（约 32 公里），因此从技术上讲，你问题的答案是“不行”。不过，雷对此印象很深，他说：“甲烷引擎很是热门！”

玛丽·罗奇（Mary Roach，1959—），美国作家。她以科普创作为主，是《纽约时报》畅销书作者，其代表作是《整装去火星》（*Packing for Mars: The Curious Science of Life in the Void*）。

104. 你是如何堕入情网的?

每个人的恋爱都是不同的，所以我们邀请了三个人来回答这个问题。对恋爱问题他们都有过很多的思考，其中两个是小说家，写过爱情故事；另一个是科学家，研究我们大脑如何工作。

珍妮特·温特森

你不会像掉进一个洞那般掉进情网的，而更像是跌入了太空一般，如同你从自己的星球上纵身一跃去拜访别人的星球。而且，到了那里后你会发现，那里完全是另一番景象：花朵、动物、人们衣服的颜色都与你这里不同。堕入情网算得上一大意外了，因为你觉得自己的星球挺好的，样样事都挺合理，但忽然有人招呼你穿越太空去拜访他（她），而且去那里唯一的办法便是纵身一跃。你上路了，堕入了某人的轨道，又过了一阵儿，你们决心将各自星球连到一起，并称之为“家”。接下来，你带走你的狗或猫，带走你的金鱼、仓鼠、搜集来的石头，带走所有不成双的袜子（找不到的，包括那些带破洞的袜子，都在那个新发现的星球上）。你们可以带朋友来玩，可以互相讲自己喜欢的故事。恋爱真的是纵身一跳，为了能和自己不想分开的人待在一起而纵身一跳，就是这样。

要记住的是：你必须很勇敢。

珍妮特·温特森（Jeanette Winterson，1959—），英国作家。由于杰出的文学贡献而获得“2006年不列颠帝国官佐勋章(OBE)”，她的代表作是《桔子不是唯一的水果》(*Oranges Are Not The Only Fruit*)。

大卫·尼科尔斯

你不能使自己恋爱，这比让自己长得更高或亲吻自己的胳膊肘还难。不信吗？试试看。这便是个问题啦，假使人们可以控制爱情的话，将会避免多少伤心、悲痛、灾难甚至战争呀。

朱丽叶就可以无视罗密欧[①]而学着爱上巴黎；亨利八世与安妮·博林[②]可能成为一对真正恩爱的夫妻；《远离尘嚣》[③]是我最喜爱的小说之一，书中的女主角芭丝谢芭·艾弗登告诉羊倌盖博瑞尔·奥克，她不能嫁给他，因为她不爱他。对此奥克回答道：“可是我爱你呀，不过有人喜欢我，我也非常幸福。”这话听起来挺合乎情理的。不过，被人喜欢根本是另一回事儿，最终它不会产生爱情。任何人都可以被喜欢，而爱则必须要有被爱来回应。

那么喜欢与爱恋有什么区别呢？有时候我觉得它们之间的差别就像着凉和流感一般。着凉很普通，但流感却要严重许多。一些人觉得自己是患了流感，而实际上他们只是着凉了；一些人明明知道

---

① 二者皆为莎士比亚戏剧人物。

② 亨利八世(Henry Ⅷ)与安妮·博林(Anne Boleyn)，英国国王与王后，伊丽莎白一世的父母。

③ 《远离尘嚣》(*Far From The Madding Crowd*)，英国作家托马斯·哈代第一部成功的长篇小说。

喜欢与爱恋有什么区别呢？它们之间的差别就像着凉和流感一般。着凉很普通，流感却要严重许多。一些人觉得自己患了流感，实际上他们只是着凉了；一些人明明知道自己只是着凉了，却偏要夸张地当作流感来处理。

自己只是着凉了，却偏要夸张地把它当作流感来处理。

拿我来举例吧，我有 20 多年一直处于流感状态，所有我所谈论的也是流感、流感、流感。有时候，我同时会跟三四个不同的人发生流感。回想起来，我觉得那些只是很多次的着凉。

你也许注意到了，在上句话的末尾处，我的比喻不是很站得住脚。

所以，既然你对堕入情网无能为力，也就不必对它过分担忧。无论你愿意与否，一些事总会发生：你的头发会变得花白，你的牙齿会脱落，你会堕入爱河（希望它发生在你牙齿脱落之前）。当你爱上某人时，不要慌张，保持冷静。尽量别担忧，希望你所爱的人也能爱你。如果她（他）真的爱你，那么祝贺你们，只要爱情还没有褪色，你们将度过美妙的时日；但假如你所爱的人并不爱你，那可就真的麻烦了，抱歉。

大卫·尼科尔斯（David Nicholls，1966—），英国小说家、剧作家。年轻时曾担任演员，后专心从事小说及影视剧创作。代表作为《恋爱学分》（*Starter For Ten*）。

罗宾·邓巴

人们恋爱时所发生的一切恐怕是宇宙间最难以解释的事情之一。恋爱时，人们不假思索地行动。事实上，如果人们考虑再三的话，反而会将一切搞砸，陷入一团乱麻中。

这是因为当你堕入情网时，你右侧的大脑会非常繁忙。右脑似乎对处理情感格外重要，相反，处理语言则几乎完全是左脑的工作。因而你会发现很难谈论感觉与情感问题：因为大脑左侧的语言区不能很好地将信息传递到右侧的情感区里去。于是我们会一时语塞，找不到合适的词来描绘自己的情感。

不过对于恋爱时所发生的情况，从科学上还是可以讲出点道理的。首先，我们知道恋爱令人的感知发生了巨大的改变：我们会有眩晕感并易于情绪激动；在同一时间里，我们既可以满怀欢欣又可以喜极而泣；突然间许多事情都变得无关紧要，我们一心想的只是靠近那个自己爱恋的人。

现今的扫描仪器可以观察人脑的运行，大脑活跃的情况被显示在屏幕上，所做事情不同，大脑上所显示的活跃部位也不同。当人们在恋爱时，大脑上负责处理情感的部位特别活跃，而那些控制理性思考的部位却比正常情况沉寂了许多。因此，大脑上平时会提醒你“别这样，太疯狂了”的部分关闭了，而告诉你“哦，太可爱了”的部分却打开了。

为什么会这样呢？一个原因是，恋爱使某些化学物质在大脑中释放，其中的一种物质叫作“多巴胺”，可以令人产生激动的感觉；另外还有一种叫“催产素”，似乎与恋爱时那种飘飘然令人眩晕的幸福感有关。当这些物质被大量释放后，它们会进到大脑里对它们特别敏感的部位里去。

但是，所有这些都不能解释为什么你会爱上某个特定的人，这件事可有点儿神秘，因为看起来你的选择并没有什么特别的理由。而且，即使在你已同所爱的人结婚，你们还会像婚前那般容易共坠爱河，这可确实有点儿难以理解。还有另一件怪事，当恋爱时，我们可以骗自己相信所爱的人是完美无缺的。当然，没有人是完美无缺的，不过，彼此越是觉得对方完美，爱情便越是长久。

罗宾·邓巴（Robin Dunbar，1947—），英国人类学家、进化心理学家，牛津大学教授。他提出了著名的“邓巴数字（Dunbar Number）”，即一个人最多大约能够同150个人维持稳定的关系。

105. 为什么海水是咸的？

马克·库兰斯基

人们总在猜想海水为何是咸的。这些盐是从哪儿来的？仅仅是从海底的泥土中来的吗？如果那样的话，为什么海底的泥土要比河床或湖底的泥土更咸呢？

首先要知道的是：湖水与河水也是咸的，但由于其咸度比海水低得多，使我们没有注意到罢了。

于是，海水之所以咸的头一个原因是：所有的河水都是咸的，它们全流进了海里，把盐分留在了那里。所有的盐分都来自地壳，它们被雨水冲走并集中到了海洋里。还有，海床本身也提供盐分，这跟河床的情况类似，只不过大了许多。

你也许会想，既然如此，为什么海水不变得更咸呢。主要原因是：虽然盐分不断地涌进，但总有淡水通过河口流进海洋，外加上雨水及融化的冰水等，所以河口处或融冰处的海水明显会淡一些。在远离河口以及蒸发量特别大的海域，那里的海水要更咸一些。这正像制造海盐的情况：将一池海水在太阳下曝晒直到水分都蒸发掉为止。因此，在赤道附近的热带海域里，海水明显更咸一些。

还有其他原因使某部分的海水格外咸。在 20 世纪晚期，科学家得知了海床上有许多地方能够使海水渗入地下并被加热。这些海水经反复加热后其盐分被高度浓缩，随后又被释放回海洋。与此相似的是海底的火山喷发，炙热的岩浆也起到了加热与浓缩海水的作用。

在地球上，雨水流进河流，河流汇进大海，海水蒸发成水汽并形成新的降雨，这些降雨再次填满河流，返回海洋。

在约旦与以色列两国的边境，有一个叫“死海”的湖，湖水的盐浓度是海水的 10 倍。这个湖常年受着太阳的炙烤，气温可高达 43℃，并且唯一的水源约旦河供水量不足，难以补偿湖水的蒸发。最终，死海将变成一个干涸的盐床。正是河流、冰原和降雨阻止了海洋像死海那般浓缩与干涸。

科学家相当确信，千百万年来海洋一直维持着相同水平的盐度。但近来出现了新的争议，假如气候的变化使得极地冰盖大面积融化，会不会使海水变淡并改变海洋的生态环境？下个世纪这个问题将会更加突出。

马克·库兰斯基（Mark Kurlansky，1948—），美国记者、作家。他的代表作《鳕鱼》（*Cod*）被翻译成了 15 种文字，畅销世界。

106. 互联网是用来做什么的？

克莱·舍基

互联网只是在做一件事情：让电脑相互交谈。（这里也包括智能手机等手持设备。）我们在互联网上所做的一切事情，比如玩游戏、分享照片或与朋友聊天等，都用到了相互连接起来的电脑。

将电脑很好地连接起来能让人们干各种各样的事情，它同人们熟悉的看、听、交谈等方式都很不相同。电视擅长播放影像节目，却无法让人们彼此交谈，也收不到其他国家的视频；老式的电话很适合两人间的交谈，却无力让 10 个人同玩一个游戏，也无法帮人查单词。而互联网的好处在于：能帮任何电脑干上面提到的所有事情。

更妙的是人们发明的新东西你在网上随时都可以使用。我刚使用互联网时，麦块[①]并不存在，企鹅俱乐部[②]不存在，脸谱[③]不存

① 麦块（Minecraft），世界第一款沙盒游戏。
② 企鹅俱乐部（Club Penguin），美国最大的儿童社交网络。
③ 脸谱（Facebook），全球最大的社交网络。

在，那时既没有YouTube[1]，也没有维基百科[2]，甚至连网络也不存在。那时，互联网上所有的一切只是文字，没有图片，也没有声音。

在过去的20年里，那些想让电脑干新鲜事的人发明了所有这一切东西，甚至发明了网络本身。有个叫蒂姆·伯纳斯－李（Tim Berners-Lee）的男人想到一个办法，可以通过链接将网页连到一起，他利用互联网实现了自己计划。

在未来的20年里，互联网上将会发明更多不可思议的东西。没准儿你也有想让电脑干的事情，然后也能在互联网上发明点儿什么。

克莱·舍基（Clay Shirky，1964—），美国作家，纽约大学新媒体学教授。他关注网络技术对社会、经济的影响，以及网络如何重塑文化，又如何受到文化的影响。他为美国主流媒体撰写了大量评论，并是一名有影响力的演说家。

① YouTube，全球最大的视频分享网站。

② 维基百科（Wikipedia），全球最大的开放式在线百科全书。

107. 米开朗琪罗是如何这般出名的？

温迪·贝克特

一些人会出上几年风头，一些人会终身都很出名，一些人甚至会在死后一段时间里仍然为人津津乐道，只有极少、极少的人会万古留名。米开朗琪罗就是这极少、极少的人中的一个。他有生之年非常著名，他在当代非常著名，即使再过许多年他还会非常著名。

好了，你的问题是：为什么他可以如此的有名？他有名并将永享盛名是因为他创作了一些无与伦比的绘画，特别是为一所罗马的著名教堂绘制了无与伦比的穹顶画，那所教堂便是西斯廷教堂。

他还雕刻了一些完美的雕像，最著名的是伟大又美丽的大卫与摩西的雕像，那两位英雄都来自《圣经》里的故事。他还雕刻了更为美丽的形象——悲痛的圣母马利亚，抱着自己死去的儿子耶稣。这座雕像名叫“圣殇像（Pietà）”。

当人们看到这些艺术作品时，会感到敬畏并浮想联翩。欢愉的泪水有时会出现在人们的眼眶中，多么不可思议呀，竟能亲眼见到人类创造出如此感人的形象！尽管我们周遭的世界还充斥着恶行，这里却有纯粹的美好。

当一个儿童观看如此伟大的作品时，还不能感受到其中的神奇。想要真正领略米开朗琪罗的作品并不像扳开关那般简单，我们必须成长到能够欣赏这些作品。一些大人甚至永远也做不到这一点，他们的身体虽然长大了，但内心却依然幼稚，这往往因为从没有人告诉他们有关艺术的事情，他们也不知道艺术对于人生的意义。

你是幸运的，因为在读这些文字时你已开始了学习，你知道了像米开朗琪罗那样的伟大艺术家的作品是值得欣赏的，你反复观看、持续不断，终有一天你会有所领略。请相信我，你真正领略西斯廷教堂穹顶画或“圣殇像”、“大卫像”的那一刻，将是你一生中最值得回忆的日子之一。

温迪·贝克特（Wendy Beckett，1930—），英国修女，艺术专家。她生于南非，毕业于牛津大学。20世纪90年代，她由于在BBC电视台主持了一系列介绍艺术史的纪录片而闻名遐迩。

108. 要是我的胃被抻直，它会有多长？

迈克尔·莫斯利

你不能抻直你的胃，它是个袋子，不过你可以抻直你的肠子！你的肠子从胃部一路向下延展直到臀部，那听起来似乎并不怎么远，但一个成年人的肠子其实有 8.5 米长，小孩会稍稍短一些。假使能看透皮肤，你会发现肠子在肚子里并不走直线，它盘卷着，像一条瘦瘦的却极长的蛇。

一旦你将食物送进嘴里，你恐怕就把它忘掉了，但对于食物来讲，这只是漫长而复杂旅行的开始。第一站是全程中最短的一段，人们称之为食道，大约 25 厘米长，排列着异常强健的肌肉，可以把食物挤压进胃里。这些肌肉是如此的强劲，即使你头朝下倒立着，它们也能把食物送到胃里去（当然，我不敢确定你是否喜欢做这样的实验）。

当食物到达胃里，便在那里被搅拌、分解，就像在洗衣机里似的。你胃里液体的酸性同汽车电池的酸性一样强，这种酸液可以杀死任何随食物而来的细菌。胃本身相当小，空腹时它的大小如同一个拳头，但撑大后大小可及一个中号气球。

当食物在胃里被分解后，便被一点儿一点儿地推送进小肠，在小肠里食物开始被吸收。小肠有大约 7 米长，平均来讲女性的小肠要比男性的稍长一点儿。小肠上覆盖着细小的毛，被称为“纤绒毛”，它们可以增加小肠的表面积，从而吸收更多的食物。实际上，你小肠的表面积大体相当于一块网球场的面积。

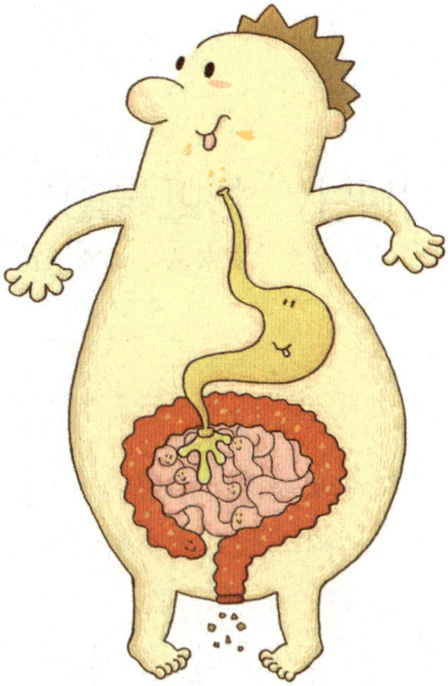

你不能抻开你的胃，它是个袋子，食物在那里被搅拌分解。胃本身相当小，空腹时它的大小如同一个拳头，但撑大后大小可及一个中号气球。

一旦穿过了小肠，残余的食物便会进入大肠。在大肠，水分被吸收掉，细菌也参与了进来，帮助处理那些还未被分解的食物。大肠要短很多，约1.5米长。同小肠一样，大肠也交织排列着一层神经元细胞，这种细胞在大脑里也能找到。多奇怪呀，肠子里的脑细胞跟一只猫大脑里的一样多。显然，肠子需要这些脑细胞，因为消化食物是一个非常复杂的过程。

在食物里所有的营养都被肠道吸收之后，残余物及大量的细菌便趁你上厕所时离开了。于是，这段漫长的旅行结束了。

迈克尔·莫斯利（Michael Mosley，1957—），英国记者、电视主持人及制作人、医生。他早先在牛津大学学习哲学、政治经济学，后决心成为一名心理治疗师。他在主持了医学类电视节目《人体内部》（*Inside The Human Body*）后成为知名人物。

109. 彩虹是由什么组成的？

安东尼·伍德沃德　罗布·佩恩

彩虹是由光组成的。

当阳光透过天空中的雨滴时，白光被分散成各种颜色的光：红、橙、黄、绿、蓝、靛、紫。在阳光射入一颗雨滴后，光的前进方向便发生了偏转，并被分解（因为不同颜色的光所偏转的程度不同）。在雨滴内部，光随后被雨滴的另一侧反射了回来，并再次被分解。这样，等到光离开雨滴时已被分解成各种颜色了。

只要你看到了彩虹，那一定是在下雨的同时天上还闪耀着阳光，而且你还处在了雨幕与阳光之间。你不可能到达彩虹的尽头，多可惜呀，据说彩虹的尽头埋着金银财宝。你找不到彩虹的尽头是因为，尽管你的眼睛可以看到彩虹，可它不过是穿过雨雾的阳光罢了，那里真的是空无一物，没有任何能触摸到的东西。下一次再看到彩虹时，试试向它走过去：彩虹会向远处挪开。

全面揭示彩虹秘密的人是艾萨克·牛顿（Isaac Newton），他是一个极端聪明的科学家，生活在大约300年前。在牛顿之前的千万年里，对于彩虹人们产生了许多极为荒诞的想法。一些人说那是连接天堂的路，另一些人认为彩虹是太阳神的腰带，更有一些人认为彩虹本身就是出现在天空中的神。但有一件事大家的意见是一致的：彩虹是美丽的。

最后，你如何能牢记住彩虹的颜色呢？红、橙、黄、绿、蓝、靛、紫。试试这个：Richard Of York Gave Battle In Vain。[①]

你的眼睛可以看到彩虹，却不能走到彩虹的尽头，因为它不过是穿过雨雾的阳光，没有任何能触摸到的东西。

安东尼·伍德沃德（Antony Woodward），英国作家，为英国多家媒体撰稿。其畅销作品“*Propellerhead*”讲述了有关飞行的故事。也许是巧合，安东尼的作品往往都与云有关。

罗布·佩恩（Rob Penn），英国作家、摄影家、电视节目主持人兼制作人，曾骑车环游世界。

---

① Richard Of York Gave Battle In Vain，意思是：约克郡的理查徒劳地战斗。此句话的所有大写字母分别代表了七种颜色的首字母，它们分别是：Red，Orange，Yellow，Green，Blue，Indigo，Violet。

110. 人们是什么时候开始使用菜谱的？

马里奥·巴塔利

从开始用菜谱的第一天起，人们就注意到：饭菜要比往日的可口了。甚至在人们还不会写字时，他们便相互传授如何将食物做得更加好吃。想想看，如今电视上的那些烹饪节目，学习做饭依然是看着示范然后照着做就行了，不需要上网查菜谱，不需要电脑，甚至连纸和笔都不需要。

烤肉可能是所有菜谱里的第一个。把食物进行加热很可能是出于意外，或许是准备生吃的肉掉进了夜间取暖的篝火里。我们不清楚这事发生在何时，但考古学家在距今100万年前的遗迹中发现了灰烬和骨头碎片。那些人意识到了火使食物中的某些东西改变了，他们记住了这件事，希望下次还能如此（这几乎就算是菜谱了），或者至少他们记住了食物的味道很好。

第一批真正的菜谱出现在公元1世纪，编制者是罗马帝国的美食家阿皮赛厄斯（Apicius），菜谱的名字叫“Re Coquinaria”，大致可以翻译成“食物与烹饪”，所涉及的都是古罗马宴会上的丰盛佳肴。

这本书是写给厨房中的仆人们的，书的组织顺序与现今的烹饪书非常相似：配方按主要原料的种类以及上菜时的先后顺序分类。

在那些花哨的时髦菜肴当中，也有一些简单的菜肴，比如“胡萝卜蘸欧莳萝酱”或“胡椒粉拌水萝卜”。不过也有这样的菜：香草与凤尾鱼蜜汁酱炖鸣鹤。当然，许多这样的菜肴如今已过时了。

现在，各种各样的烹饪书籍详细介绍了世界上的每一种烹饪方法，以及各地的地方美食与民族佳肴。比如，摩洛哥伯伯尔人（Berber）的烹饪方法，伯伯尔人住在撒哈拉沙漠里的阿特拉斯山（Atlas Mountains）；甚至还有介绍堪萨斯州托皮卡市的罗塔里俱乐部[①]成员所做的馅儿饼的烹饪方法。

马里奥·巴塔利（Mario Batali，1960—），美国厨师、餐厅主。他是美国著名的意大利餐厨师，在全世界各大城市都开有自己的餐馆。他同时是意大利式烹饪文化及历史专家。

① 罗塔里俱乐部（Rotary International），一个由商人及专业人士组成的国际慈善组织，俱乐部成员要轮流举办聚会。

III. 月亮为什么闪亮？

希瑟·库珀

月亮是我们在太空里的伙伴，那是一个神奇的地方。月球有地球的四分之一大小，它离我们很近，只有384400公里远。注意，我们是在谈论太空呀！这点儿距离太空探测器只需三天就可以走到。

月亮之所以闪亮是因为它反射了来自太阳的光。由于它每个月绕地球转一圈儿，随着其位置的变化，我们会看到它被照亮的面积是不一样的。在新月时，你看不到月亮，因为它与太阳在一条线上，阳光照到了月球的背面；随着月球的移动，阳光开始照亮月球的边缘，出现了月牙。

如果你有双筒望远镜，甚至是一架很小的望远镜，此时是观测月球的最好时机。月亮上的阴影长而浓重：它们突出了月球引人入胜的特征——密密麻麻的陨石坑。这些陨石坑是在太阳系形成的早期由太空陨石撞击出来的，由于月球上没有大气来侵蚀它的表面，因而这些疤痕被保留得完好如初。

满月时，月亮最为明亮，此时月亮正对着太阳。根本用不着望远镜啦！抬起头，你就能看清月亮的“脸”。能看到月亮的“眼睛”、“鼻子”和“嘴”——那些深色的、火山岩充斥的疤痕，它们都是

38 亿年前小行星雨撞击的结果。

大体上每一年都会看到某种梦幻般的景象。满月的时候，当月亮的轨道恰巧同地球呈现某种角度时，月亮便会经过地球的阴影。明亮的满月忽然缺了一块或者整个消失了，看起来还真的有些吓人呢！

神奇的是，如果月球的颜色淡一些，它会反射更多的光而变得更加明亮。在 20 世纪 60 年代和 20 世纪 70 年代登上过月球的宇航员们都非常惊讶，月球上的岩石竟如此之黑。

作为第一个踏上月球的人，尼尔·阿姆斯特朗（Neil Armstrong）将月球岩石的颜色描绘为“flicts”，没错，那是一种人造的颜色。一位尼尔 · 阿姆斯特朗喜爱的作家发明了这个词，用来描绘一种谁也说不清楚的淤泥般的深棕色。尼尔认为“flicts”非常适合形容月球。

希瑟·库珀（Heather Couper，1949—），英国天体物理学家，皇家天文学院院士，曾任英国天文协会主席。20 世纪 80 年代与 90 年代，她在电视台做了大量工作，使天文学大为流行。为了表达对她的敬意，有一颗小行星以她的名字命名。

112. 海洋是从哪儿来的？

加布里埃尔·沃尔克

如果你从太空看地球，它是一个美丽的蓝色星球，而它的蓝色主要来自于海洋。地球上海洋的面积比陆地更大，我们的地球实际上是个湿乎乎的世界。

那么这些水又是从哪儿来的呢？科学家尚无法确知。不过，他们怀疑一部分水来自地球内部，而另一部分水来自天外。

在任何行星甚至太阳还没有诞生之前，大约45亿年前，一切都还是一团旋转的气体和尘埃，其中便含有水分。最终，所有的宇宙尘埃开始聚集到一起形成团块。团块变得越大，对周围团块的拉拽也越为有力，最终形成了太阳系的行星系统，以及居于中心的太阳。

不过，也有相当大的团块被遗留了下来，像是建筑工丢下的瓦砾。这些团块开始像弹子机里的弹子一样向新生的行星横冲直撞，形成了许多巨大的陨石坑，就像我们在月球上见识过的一般。地球的表面很可能因此被大大加热，所有的水都被烧干了。

又经过了许多年，彗星也开始撞击地球了。彗星是一个个脏乎乎的大雪球，几乎整个都是由冰组成的，在撞击地面之后，彗星的冰开始融化成海洋。

还有很多水可能来自地球的内部，它们是陷在岩石中的水分，随着火山的爆发而被喷到了地面，经过千百万年的积累而形成了海洋。

值得一提的是，形成海床使水可以在里面流淌则是另外一码事了。海床就像一个下陷的、巨大的澡盆，它比周围的大陆要低很多。所有的陆地，比如欧洲、亚洲和美洲等，都沿着地球的表面缓慢地移动，移动的速度就像你指甲生长的速度一样慢。

当两块大陆向相反的方向移动时，它们之间的空间就会被拉大，形成了宽阔的海盆，如同太平洋或大西洋那般，这些海盆可以接受所有的水。当两个大陆向彼此移动时，它们之间的空间被不断挤压，直到有时连一点儿海洋也不剩下。雄伟的喜马拉雅山脉就是如此形成的：两个大陆越靠越近，越靠越近，海床上升，海水流干，最终两个大陆撞到了一处，形成了珠穆朗玛峰，也形成了周围巍峨的群山。

加布里埃尔·沃尔克（Gabrielle Walker），英国作家，剑桥大学化学博士，曾在剑桥大学和普林斯顿大学任教，主持过气候和能源节目。她出版了多部作品，也作为自由撰稿人为多家杂志撰稿。她最喜爱的地方是南极。

113. 为什么蜗牛有壳儿而鼻涕虫却没有？

尼克·贝克尔

其实，有些鼻涕虫①也有壳儿，比如，一些肉食性的鼻涕虫，但我们很少能看到它们，因为它们总是藏在地下捉蚯蚓。它们的壳已退化成鳞片状的小片，长在身体的上部，像是一顶滑稽的小帽子！所以，蜗牛与鼻涕虫的区别实际上非常模糊。

蜗牛与鼻涕虫都是软体动物，同属于腹足纲。但是，蜗牛在背部长出了一个便于携带的囊，这可以保护它免受一些小型捕食者的伤害，但更为重要的是可以使蜗牛在比较干燥的地方爬行。蜗牛壳保护着蜗牛娇嫩的、湿漉漉的身体不被阳光烤干，也不被风吹干。蜗牛可以用一层黏液将蜗牛壳的口封起来，黏液干后非常坚硬，起到了门户的作用，被称之为膜厣（厣，读音为“眼”）。

由于没有壳的保护，鼻涕虫脱水的风险要大很多。但是，它们能去有壳的蜗牛去不了的地方。它们能挤进狭窄的地方：裂口，缝隙，甚至地底下的孔穴里，这些地方是蜗牛进不去的。

因此，鼻涕虫和蜗牛通过不同的途径，采用不一样的办法，来解决所面临的相同难题：捕食者的猎捕与气候环境的影响。它们找到了不同的谋生手段，一些生物学家把这叫作“生态位”。

---

① 鼻涕虫（Slug），学名蛞蝓，软体动物，状似蜗牛。

蜗牛壳保护着蜗牛娇嫩的、湿漉漉的身体不被阳光烤干，也不为风所吹干。由于没有壳的保护，鼻涕虫脱水的风险要大了很多。但是，它们能去有壳的蜗牛去不了的地方。它们能挤进狭窄的地方：裂口、缝隙，甚至地底下的孔穴里，这些地方是蜗牛进不去的。

尼克·贝克尔（Nick Baker，1972—），英国博物学家、电视节目主持人及制作人。他主持了著名的儿童电视系列节目《真正野生秀》（*The Really Wild Show*）。在另一档电视节目《尼克·贝克尔在兽皮下》（*Nick Baker's Under The Skin*）中，他躲在各种动物的皮下（如熊皮、企鹅皮等），以亲自观察这些动物的栖息地与行为习惯。

114. 为什么太阳会如此火热？

露西·格林

“为什么太阳如此热”这个问题困扰人们好几千年了。

一个早期的答案认为“太阳是一大块燃烧的碳”，不过我们现在知道，太阳主要是由氢粒子组成的，不能用碳那样的方式燃烧。而且在太阳核心的氢原子由于受到过分的挤压，已开始粘接在一起，形成了一种叫作氦的气体。

阿尔伯特·爱因斯坦的工作帮助科学家了解到：当这些粒子被挤压到一起后，会释放出巨大的能量，足以令太阳保持闪耀和炙热。太阳中心的温度高达 1500 万摄氏度，不过太阳表面的温度就低多了，仅仅有 5700 摄氏度。水的沸点是 100 摄氏度，所以你可以想象太阳的中心会有多热。

如今，利用太空里的望远镜，人们可以很细致地研究太阳。我们观察到：太阳有一层热得惊人的大气，温度比太阳表面高出许多，达到 100 万摄氏度。这很出乎意料，因为来自太阳表面的热量不可能令大气的温度如此之高。太阳大气层中的热气放射出 X 射线和紫外光，被太空望远镜所接收并被拍成了照片，这些照片帮助科学家认识到：有一些巨大的磁场穿过大气，是它们使得气体如此炽热。

利用“太阳与太阳风探测器（SOHO）”、“太阳动力学探测器（Solar Dynamics Observatory）”以及“日之出探测器（Hinode）”等空间设备，我们知道了这些磁场处于持续不断的运动与波动之中，它们为爆发提供了能量，并将太阳的大气加热到100万摄氏度。

露西·格林（Lucie Green），英国太空学家，伦敦大学学院（University College London）太空科学实验室研究员，主要从事对太阳的研究工作。她还以嘉宾和主持身份在众多科学节目中出现。

115. 为什么我们要用字母？

约翰·曼

人类最早并不使用字母来书写，整个词都用符号来记录，就像电脑上的图标似的。这种方法很有效。比如，你想用图像来记录莎士比亚著名的台词“To be or not to be…”[1]，有可能会写成：

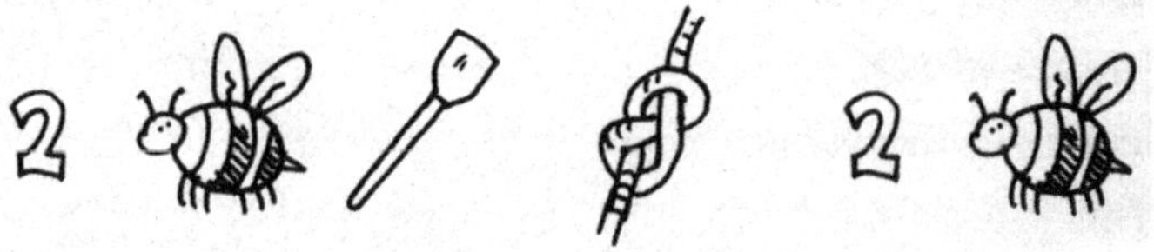

Two bee oar knot two bee

或者你想写一个词的每个音节（Syllable），例如，“belief（信念）”，你可能会用图画拼写成这样：

bee leaf.

但是，靠图画是很难表达复杂事情的，因为许多词并不容易用图来表示。你当然也可以勉力而为，不过可能要为上千个音节画出

① To be or not to be，“生存还是毁灭”，莎士比亚著名悲剧《哈姆雷特》中丹麦王子哈姆雷特的独白。

上千幅图！于是便产生了楔形文字，那是1万年前在美索不达米亚使用的一种三角形的符号。随后又出现了埃及人的象形文字以及中文。在中国，孩子们要花好多年才能学会阅读，而你可能四五岁时就可以读书了，你是如何办到的呢？

当然，答案是你学会了字母。字母有什么特别之处吗？无须成千上万，字母只需26个符号（实际是52个，因为字母有大小写的区别，不过那也没什么大不了的）。能发明字母是因为大约需要40个音便能组成所有的词，那么，发明代表音而不是音节的符号就简单多了！

这是一个金点子，但人们花了1000年才想出来。大约3000年前，使用象形文字的埃及人还在用图画和音节来书写。那时的埃及有成千上万的奴隶，他们是从今日的以色列、约旦、叙利亚和黎巴嫩等地抓来的。这些外国奴隶被称为“亚洲人”，可能主要是希伯来人，也就是现今的犹太人。过了很多年，他们中的许多人已不再是奴隶了，成了官吏、工匠和自己居住区的领导。他们希望能用自己的语言进行书写，采用象形文字当然可以，但那却非常困难。

某人（或者某群人）知道，在象形文字里有一些简单的符号，大体相当于我们如今所说的字母。这样的符号总共有26个，每一个都是一幅图，但同时也代表着所指音节的头一个音，因此，可以直接将这些符号拿来，按原意翻译。

其中一个符号跟牛有关，所以看起来是这样的：。在那些亚洲人的语言里，一头牛被叫作alep，第一个音是a，所以，那时的老师也许会这样说“a，alep的a”，就如同现在的老师可能会说“a，apple的a”。时间一长，这个代表“牛”的符号变成了小写的“a”。

接下来他们选出埃及人表示“住所”的符号，用它代表“bayit

（房屋）”，以此类推，一共找出了 26 个符号。因此直到今天，我们还用“alep（或 alpha）”与“bayit（或 beta）”作为我们的头两个字母。

这些我们是如何知道的呢？因为有人将这些符号刻到了一块石头上，而与这块石头临近的其他石刻给我们提供了时间线索：大约公元前 1800 年，也就是 3800 年前。

一旦字母被发明出来，这个主意便四处传开了，通过希腊到达了欧洲，通过许多其他的字母体系扩散到了全世界。如今，中国人还保持着他们传统的文字，不过他们也在使用字母，毕竟学会字母要容易得多。

约翰·曼（John Man，1941—），英国历史学家、作家。他研究与写作的兴趣主要在中国历史、成吉思汗历史和人类的书写历史。他的多部作品中包括《成吉思汗》（*Genghis Khan*）、《古登堡革命》（*The Gutenberg Revolution*）等。

花　絮!

喜剧演员斯蒂芬·弗赖、桑迪·托克斯维格、克莱夫·安德森、罗伯特·韦伯、谢兹亚·米尔扎、莎拉·米利肯与杰克·怀特豪尔对于孩子们的问题也有自己的看法，他们用自己的滑稽解答来挑战专家的观点。

斯蒂芬·弗赖（Stephen Fry）

问：大象为什么要有根长鼻子？

答：大象们非常害羞，也很老实，如果光着身子游泳会害臊的，因为鳄鱼与河马会笑话它们。我也很害羞，所以我游泳时也穿着游泳裤。

[注：trunks 一词在英语里既指“象鼻子”也指“游泳裤”，即 Swimming Trunks，作者此处有意将trunks理解成游泳裤，题目即变为“为什么大象需要游泳裤？”]

莎拉·米利肯（Sarah Millican）

问：吃蚯蚓有事儿吗？

答：只要不被你妈妈看到就没事儿。

问：风是从哪儿来的？

答：从黄豆那里来的。不是我放的。

[注：wind（风）一词在英国是“放屁”的一种委婉的说法，即 Breaking Wind。多吃黄豆可使人放屁，作者此处故意把“风”误解成了“屁”。]

问：我们都是亲戚吗？

答：你是不是在打主意想挣更多的压岁钱？

问：我的猫为什么总能找回家？

答：使用跟踪器。

［注：用于科学研究的动物跟踪器其英语的通俗叫法为“Cat-Nav”，cat即猫，作者在用跟踪器的名字开玩笑。］

问：我们为什么在晚上睡觉？

答：等你上了大学以后，也可以在白天睡大觉了。

问：外星人存在吗？

答：有啊，他们假装成了你的小弟弟或小妹妹，要小心啊！

［注：指BBC电视台在2005年播放的著名儿童电视剧“BB3B”。电视剧的情节围绕双胞胎兄妹路易和露西的生活展开，他们怀疑自己新出生的小弟弟是外星人。作者此处在以此取乐。］

问：狮子为什么咆哮？

答：狮子那是在打哈欠呢，一定是闷了。

问：米开朗琪罗是如何这般出名的？

答：他是忍者神龟里唯一能真正画好画的一个。

［注：在著名漫画《忍者神龟》中，四个神龟武士都以文艺复兴时期著名艺术家的名字命名，他们分别是：达·芬奇（Leo）、拉斐尔（Raph）、米开朗琪罗（Mikey）与多纳泰罗（Don）。作者此处在以此搞笑。］

问：猴子与鸡有什么共同之处吗？

答：有的，它们与薯片一起吃都很美味。

［注：monkey bread（猴面包）为欧美流行的一种软面包，而炸鸡（frying chicken）与薯片（chips）也是典型的英美快餐，作者此处故意将两种动物说成是两种食物。］

问：埃及人是如何建造金字塔的？

答：把许多许多的三角巧克力摞在一起。

［注：三角巧克力（Toblerone），世界著名巧克力品牌，以特有的三角造型而得名。］

问：互联网是用来做什么的？

答：在有互联网以前，你必须找个真人来聊天，把猫放到钢琴上或把猴子赶下圆木也得自己干。

桑迪·托克斯维格（Sandi Toksvig）

问：梦是怎么产生的？

答：与鸡蛋清一起做出来的。

［注：dream whip（梦幻甜点）为通用食品公司1957年推出的一种不含乳制品的半成品糕点粉，顾客加上牛奶、蛋清或其他原料可以很方便地制成甜点或浇汁。此处作者故意将dream说成了这种食品，借此搞笑。］

问：为什么人们的皮肤颜色各有不同？

答：因为要使彩色电视机更加吸引人。

问：善（Good）从何而来？

答：从台湾的一个小工厂里来。

［注：good在经济学术语里为：满足消费者需求的物品，可译为商品、货物等。更常见的是复数形式goods，此处故意把“善”理解成了“货物”。］

问：我们为什么需要上厕所?

答：为了能从餐桌旁逃开。

问：为什么行星是圆的?

答：为了不容易被打包。

问：为什么夜晚的天空是黑暗的?

答：给火炬制造商以存在的理由。

问：为什么猴子喜欢香蕉?

答：因为它们喜欢剥香蕉皮。

问：月亮为什么闪亮?

答：因为每个月都给它打一次蜂蜡。

问：为什么我们要烹调食物?

答：要是家里没有厨房会显得很傻气。

问：要参加奥运会必须做些什么?

答：停止读书。

问：人们是如何发电的?

答：穿着特别紧的尼龙短裤跑步。

问：狮子为什么咆哮?

答：它是在进行愤怒管理。

问：为什么太阳会如此火热?

答：让防晒霜生产商有活干。

问：什么是引力?

答：就是一累赘。

罗伯特·韦伯（Robert Webb）

问：第一个养宠物的人是谁?

答：是罗马的尤利乌斯·恺撒，养的是一只叫 Bianca 的松鼠。

问：我们为什么要使用钱?

答：我们曾用奶酪当钱，但把什么都搞得挺脏的。

问：为什么夜晚的天空是黑暗的?

答：因为太阳在充电。

问：为什么在你希望时间过得快一些时它却走得格外慢?

答：这样你就能挖鼻孔了。

问：世上还有没被发现的动物吗?

答：有，它是贝利凡特（Belliphant），一半是蝙蝠，一半是大象，明年圣诞节将在香港被发现。

问：原子是什么?

答：科学创造出的非常非常小的豆子。

问：为什么自己胳肢自己不管用？

答：否则你看起来就会像个疯子。

问：汽车是如何工作的？

答：在汽车的轮胎里有一些小猪在拼命地跑。

问：一只蜂能蜇另一只蜂吗？

答：可以，但那样的话它们就得被关进蜜蜂监狱，还得打扮得像只苍蝇，蜜蜂讨厌那样。

问：月亮为什么闪亮？

答：为了让人们写歌曲赞美它。

问：彩虹是由什么组成的？

答：爱情，当两片云相恋时，彩虹就出现了。

问：为什么我们要烹调食物？

答：为了不让汤锅在橱柜里闷得慌。

问：地球的内部是什么？

答：是一架巨大的制造引力的机器，由带着风镜的查尔斯王子操控。

［注：查尔斯王子（Prince Charles）为英国王储。］

问：要参加奥运会你必须做些什么？

答：去首相官邸，给首相送水果蛋糕。

问：谁发明了巧克力？

答：阿瑟王（King Arthur），他那著名的圆桌其实是一个巨大的巧克力纽扣，他的骑士们在他不注意时偷偷地咬这张圆桌。

[注：阿瑟王为传说中公元五六世纪英格兰的国王，领导不列颠人反抗撒克逊人。他总是与骑士们坐在圆桌前商议事情。]

问：为什么科学家们要观察细菌？

答：因为细菌乐队（Germs Band）总是影响优美的歌舞剧。

[注：细菌乐队为美国著名的朋克摇滚乐队，以演出喧嚣的音乐而闻名。此处，作者故意将细菌解释为细菌乐队，而科学家往往偏爱优美舒缓的音乐，故以此来取乐。]

问：我们有可能回到过去吗？

答：到昨天为止，还不行。

问：如果没有骨骼我看起来会是啥样？

答：像一个长着头发的大果冻。

问：狮子为什么咆哮？

答：它们其实是在唱歌，但唱得太垃圾了。

问：火是怎样燃烧起来的？

答：它一定是特别淘气。

问：为什么太阳如此火热？

答：上帝一定是在做苏格兰煎蛋（Scotch egg），不过他用微波炉烤的时间太长了。

［注：苏格兰煎蛋是将煮熟的鸡蛋去壳后放在香肠里，蘸上面包粉后再用油煎。］

问：数字是否永无止境？

答：有尽头的，但它们有时候会吃上一块威化巧克力来帮助自己继续前行。

问：谁给所有的城市起名？

答：蚂蚁。甚至在最老的蚂蚁都不记得的时候，蚂蚁就开始给城市命名了，第一个城市的名字叫“蚁城（Ant City）”，但之后他们的想象力丰富了一些。

问：为什么水是湿的？

答：为了使淋浴时少一些瘙痒。

问：米开朗琪罗是如何这般出名的？

答：他成立了自己的画迷俱乐部，并印制了T恤。

问：你是如何堕入情网的？

答：站到某人的身旁，看看是否有眩晕的感觉。

问：为什么一些人长得比其他人高？

答：因为其他人不努力长高。

谢兹亚·米尔扎（Shazia Mirza）

问：梦是怎么产生的？

答：在微波炉里用全火力热上 3 分钟。

问：为什么行星是圆的？

答：因为它们吃了太多的纸杯蛋糕。

问：为什么男人长胡子而女人却不长？

答：因为男人需要胡子来储存食物，而女人用手提包来存食物。

问：为什么我们不能永远活着？

答：因为另一个世界需要我们去打扫卫生。

问：为什么在你希望时间过得快一些时它却走得格外慢？

答：因为时间能读懂你的心思，它喜欢惹你烦。

问：树木是怎样产生我们呼吸的空气的？

答：通过放屁。

问：为什么我们要听音乐？

答：这样就不用听妈妈唠叨了。

问：我们有可能回到过去吗？

答：可以，只要神秘博士（Doctor Who）肯带上我们。

［注：神秘博士（Doctor Who）为 BBC 电视台播放的科幻剧里的角色，他可以通过一台时间机器 Tardis 进行时空旅行。］

问：为什么我们要有字母？

答：这样我们就有字母版的意大利通心粉了。

问：我的大脑如何控制我？

答：通过向你的肚脐眼发信号。

问：什么是全球变暖？

答：当每个人都穿上自己喜爱的套头衫时地球就变暖了。

问：谁给所有的城市起名字？

答：曼城。

［注：原文 Man City 为 Manchester City 的简称，而 Man 本意为“人类”，作者借此调侃说是人起的名字。］

问：为什么太空如此星光闪烁？

答：因为早餐时吃了圣诞彩花。

问：为什么动物不能说话？

答：因为它们总是很忙。

问：为什么恐龙灭绝了？

答：因为薯片被吃光了。

问：宇宙是如何从无到有的？

答：努力工作呗。

问：为什么南极有企鹅而北极却没有？

答：因为南极有最好的饭店。

问：为什么一些人长得比其他人高？

答：因为他们在鞋里秘密地藏了梯子。

问：为什么海水是咸的？

答：因为海鱼是咸的。

杰克·怀特豪尔（Jack Whitehall）

问：梦是怎么产生的？

答：是牙仙要的把戏，为了让你不注意它。

［注：牙仙（Tooth Fair）为欧美传说中的神仙，他在晚上把儿童脱落的乳牙悄悄拿走，在原处放上一枚硬币。］

问：吃蚯蚓有事儿吗？

答：要想没事儿你得就着红葡萄酒一起吃，记住，千万别错用了白葡萄酒，那是吃鱼时用的。

问：第一个养宠物的人是谁？

答：是诺亚，他的方舟里全是宠物，他活了900岁，天天拼命挣钱为宠物买吃的。

［注：《圣经》记载诺亚带着各种动物上了方舟躲避洪水，他的确是有记录以来第一个如此养动物的人。］

问：为什么我们不能永远活着？

答：因为交朋友太难了。

克莱夫·安德森（Clive Anderson）

问：梦是怎么产生的？

答：我不知道，我睡着了。

问：吃蚯蚓有事儿吗？

答：蚯蚓会死的。

问：第一个养宠物的人是谁？

答：是夏娃，她养了一条蛇，可结果并不好。

问：我们为什么需要上厕所？

答：为了保持其他房间的清洁。

问：为什么男人长胡子而女人却不长？

答：好问题，我会马上试试能不能长出些女人来。

［注：问题原文是：Why do men grow beards and not women? 表述的方式有些问题，正确的说法应该为Why do men grow beards and women don't? 按原问题的字面可翻译成："为什么男人长胡子而不长女人？"回答者正是拿这个小小的语法错误来开玩笑。］

问：为什么在你希望时间过得快一些时它却走得格外慢？

答：不是那样的，而是当你希望时间过得慢一些时它却走得格外快。

问：为什么猴子喜欢吃香蕉？

答：因为它们没有花生。

问：世上还有没被发现的动物吗？

答：是的，我认为有。但问题是想要证明你就必须发现它们。

问：为什么大人们说了算？

答：因为他们是先来的。

问：为什么我们要用字母？

答：为了使所有的事情都像 ABC 那样简单。

问：闪电是如何产生的？

答：快速。

问：何人最先造出了金属器具？

答：丁丁

[注：丁丁（Tintin）为著名漫画《丁丁历险记》中的人物，Tin 在英语里是金属锡的意思。]

问：为什么一些人长得比其他人高？

答：因为一些人长得比其他人矮。

译后记

如果爱提问题是孩子天性的话，那么认真回答孩子的问题当是成人的责任。

这并不容易做到。况且，除了认真之外，还要准确、有趣、有启发性，还要让孩子能够理解……

依个人经验而论，面对孩子们那些难以预料的问题，若要顾及所有的“还要”，就会时常产生挫折感，进而生出一丝愠怒。

当然可以寻找开脱的理由，安慰自己说：“没有人知道一切。”也许这能说服自己，却说服不了孩子的好奇心。如果不想每次都随口敷衍，或者老实地承认“不知道”的话，便会被逼着寻找答案。负责任的家长会带着孩子一起到知识的海洋里上下求索。

那可真是知识的海洋啊！谷歌、百度、维基百科，一番又一番地查下来，即使坚信在海量的信息里一定有问题的答案，恐怕能够找到合适答案的信心也已动摇了。

于是很自然会希望，要是有群好心的专家帮忙解答问题该多好啊！想必有此愿望的父母不在少数，因为本书在英美等国的销量证明了这点。书中涉及了115个问题，均来自孩子们最真实的发问，出于孩子们天然的好奇心。

那么又是谁在回答这些问题呢？

都是些在各领域大名鼎鼎的人物。比如阿滕博格爵士，他在西方几乎无人不晓，早些年央视播放的《动物世界》里的多数节目都是他制作的。60年来，他走遍全世界，拍摄了近乎所有种类的野生动物，你能想象还有谁比他更适合告诉孩子“世界上还有未被发现的动物吗”？

还有格里尔斯，也许名字听起来陌生，但你看过《荒野求生》吧，他就是节目里那个“兰博”式的主持人。他当然可以很有把握地告诉孩子“吃蚯蚓是否有事儿”，因为他自己可是亲口尝过的。

很多人都能回答“环球走一圈需要多长时间”，但又有几个人能亲自走一圈然后再回答这个问题呢？罗茜·斯威尔-波普开始环球长跑时已是一位57岁的祖母，她在阿拉斯加遇到了一群孩子。斯威尔-波普只用一句话便讲完了这段邂逅，但这已足够让人眼眶潮湿了，那是真正的人间温情，很多人都渴望而难及。

还不得不提到乔姆斯基，他是“现代语言学之父”，学术界真正教父级的人物。他告诉孩子为什么动物不能像人一样讲话，他说自己不相信有谁能教会猿猴使用人类的语言。这让人联想起那个著名的“猴子与打字机”的推论，这是另外一个有趣的故事，但值得跟孩子讨论一番。

关于太空的问题多数孩子都喜欢，其中“失重”是个特别有趣的话题。帕特里克是NASA的宇航员，在太空里飞行了几百个小时，他对“失重”的解释相信会令许多人大吃一惊。由此可以看到，很多支撑我们形成判断的常识其实并不可靠。

同样令人吃惊的还有大卫·鲁尼，他是伦敦科学博物馆交通馆馆长。而在提到机翼如何使飞机获得升力时，他是这么说的，“我不能确切地解释其原因，事情就那样发生了。”可能吗？这问题好像连小学生都能解释。但我们长久以来所接受的解释对吗？机翼的形状对于飞机能否飞起来真的那般重要吗？忘记了是哪个大人物曾发过一番感慨，大意是每当他坐在飞机上，想到连“飞机是怎么飞起来的”这么一个基本问题科学家都没完全搞清楚时，他就感到心惊肉跳。

考虑到本书所涉及问题的广度与深度，似乎值得父母与孩子一起，对其中的很多问题做进一步的研究与讨论，也许从中可以发现孩子真正的兴趣及天赋所在。

另外，对于养育女孩的父母来讲，本书还可能有点儿额外的作用。粗略浏览一下，那一百多位解答问题的专家，一个特点很是引人注意——女性占了很大的比例。这些女性都是当今英美社会非常杰出的人物，她们所从事的职业非常广泛而令人感动，看来我们已真的迎来女性崛起的时代，真正杰出的女性不再需要靠长相当明星或是公主了。

比如乔伊·盖林·伦登伯格，你能想象她解剖一头近20米的鲸鱼是什么样子吗？作为一个解剖学家，她积极向公众普及解剖学知识，在观众饶有兴趣地注视下，她解剖了各种各样的大型动物。

还有亚历克斯·克劳福德，她是怎么成为战地记者？她怎敢深入塔利班的营地？而且有一点使她同史沫特莱那样的早期女权主义者有了明显的区别，她拥有幸福的家庭和4个孩子。

罗兹·萨维奇34岁时还是个投资银行家，她为什么要放弃稳定的收入而去独自划船横渡三大洋？她为什么要把自己的满腹才智奉献给全球的环保事业？

当我们被《冰冻星球》的壮观景象所震撼时，想到过指导这部纪录片的是一位女性吗？而且，瓦尼萨·博洛维茨在拍摄北极时已接近临产，而在生下儿子10个月后她又奔赴南极。她是怎样在蛮荒之地同一大群男性一起愉快工作的？她又怎样能够兼顾事业与家庭？

有心助自己女儿幸福、成功的父母不妨额外下点儿工夫，研究一下这些女性的经历。她们是现今以及未来职业女性的典范，她们也是孩子们可以企及的榜样。

孩子们需要知识，也需要榜样。本书完美地将二者都呈现了出来，这是它最与众不同的地方。

杜 冰

2013 年 6 月

图书在版编目(CIP)数据

孩子提问题 大师来回答 / (英)哈里斯编著;
杜冰译 .-- 上海:上海社会科学院出版社,2013

书名原文: Big questions from little people …
answered by some very big people

ISBN 978-7-5520-0375-8

Ⅰ. ①孩… Ⅱ. ①哈… ②杜… Ⅲ. ①科学知识-儿
童读物 Ⅳ. ① Z228.1

中国版本图书馆 CIP 数据核字(2013)第 184120 号

上海市版权局著作权合同登记号: 图字 09-2013-551

孩子提问题 大师来回答

著　　者: [英]杰玛·埃尔文·哈里斯
译　　者: 杜　冰
策划编辑: 唐云松
责任编辑: 李　慧
出版发行: 上海社会科学院出版社
上海顺昌路 622 号　邮编 200025
电话总机 021-63315947　销售热线 021-53063735
https: //cbs. sass.org.cn　E-mail: sassp@sassp.cn
经　　销: 新华书店
印　　刷: 北京米乐印刷有限公司
开　　本: 710 毫米 × 1000 毫米　1/16
印　　张: 18.5
字　　数: 130 千
彩色插图: 30 幅
版　　次: 2013 年 9 月第 1 版　2025 年 4 月第 12 次印刷

ISBN 978-7-5520-0375-8/Z·027　　定价: 36.80 元
